Ⓢ新潮新書

北中正和
KITANAKA Masakazu

ボブ・ディラン

986

新潮社

はじめに

いまではボブ・ディランといえば、ミュージシャンとしてはじめてノーベル文学賞をもらった人として知られています。

フォーク・ソングをかじったことがある人には、スタンダード中のスタンダード「風に吹かれて」の作者、演奏者としておなじみでしょう。

ロック・ファンなら、「ライク・ア・ローリング・ストーン」「見張塔からずっと」「天国への扉」などの名曲を知っているかもしれません。

近年は、80歳を超えてなお現役でコンサート・ツアーを続けている高齢の歌手という話題も、ときおりニュースなどで伝わってきます。

彼はビートルズやローリング・ストーンズと並んで1960年代の音楽の流れを変え

た最重要ミュージシャンの一人と言われています。ただし、語りに近い彼のしわがれた歌声は、ビートルズの音楽ほど親しみやすくありません。また、ローリング・ストーンズとちがって、いかにもロック・スターらしいイメージで歩んできたわけでもありません。レコードの売り上げも彼らよりずっと少ないでしょう。ポピュラー音楽の「常識」や「王道」から外れたところにいる孤高の人という印象さえあります。

しかし彼の音楽はいまも人種や性別や年齢を超えて多くの人に評価され、影響を与え、カヴァーされ続けています。ともすれば難しそうだからと敬遠されがちなボブ・ディランですが、先鋭な音と多彩な言葉の渦巻く世界は格別です。ユーモア精神にもあふれています。アルバム発表時にわからなくて、その後明らかになったこともたくさんあります。最近の研究成果を参考にしながら、この本では彼の波乱にみちた歩みをたどり、その音楽の魅力とすごさを21世紀の視点であらためて探ってみることにしましょう。

ボブ・ディラン　目次

序章　デビューから60年を過ぎて

「百万メガトンの爆弾」

この章ではボブ・ディランの活動のあらましを振り返っておきましょう。

ボブ・ディランは1941年5月24日にアメリカの北部ミネソタ州のダルースで生まれ、ロバート・アレンと名付けられました。父はエイブラハム・ジマーマン、母はビアトリス・ストーン。両親はユダヤ系で、父方の祖父母はトルコのアルメニア国境に近いカギズマンから（祖母の一家はさらにその前にはイスタンブールにいました）ウクライナのオデッサを経てアメリカに移民、母方の祖父母はリトアニアからの移民でした。

彼がミネソタで生まれた理由は、日本にもまったく縁がないわけではありません。

オデッサでは19世紀からしばしばポグロム（ユダヤ人弾圧）がくりかえされてきました。1905年、日露戦争が終わった翌月の10月には、ロシア系、ウクライナ系、ギリシャ系住民が数百名のユダヤ系住民を虐殺します。

このポグロムの背景には日露戦争に起因するロシア国内政治の混乱や不況・失業があり、その不満が戦争を支持しない人もいたユダヤ系住民に向けられたと言われています。虐殺の余波が長く続く中でボブの父方の祖父母は1907年にアメリカ移住を決意し、オデッサからの移民の多いミネソタにたどり着いたのです。

ダルースは父の生まれた町ですが、ボブが6歳のとき、一家は母の生まれたヒビングに移っています。ヒビングは世界最大級の鉄鋼石の産地メサビ鉱山と共に発展した町で、巨大な露天掘り鉱山があることで知られています。父はそこで親戚と一緒に家具商を営んでいました。

少年時代のボブは、ラジオから流れてくるさまざまな音楽を聞いて育ちました。彼が高校に通っていた50年代後半のアメリカはチャック・ベリーやエルヴィス・プレスリーが登場して、ロックンロールが若者の間に爆発的に広まっていった時期です。

その時期にロックンロールを聞いてミュージシャンをめざした人には、キャロル・キング、ポール・サイモン、ビートルズやローリング・ストーンズやビーチ・ボーイズの主要メンバーなどがいます。日本だと坂本九や筒美京平の世代です。ボブもいくつかのバンドを結成して、リトル・リチャードやエルヴィスの曲などをカヴァーしていました。人気歌手ボビー・ヴィーのバックでピアノを弾く機会もありました。

しかし59年にミネアポリスに移り、ミネソタ大学に入ったころから彼はフォーク・ソングに傾倒していきます。ボブ・ディランと名乗りはじめたのはこの時期からで、ボブはロバートの愛称、ディランは詩人のディラン・トーマスに由来します。

59年といえばバディ・ホリーやリッチー・ヴァレンスの乗った飛行機が墜落し、「音楽が死んだ」と呼ばれる年です（ボブは事故の2日前にバディのコンサートに行きましたが、それは一生忘れられない体験になりました）。当時うたわれていたフォーク・ソングは自作曲より伝統曲、いわゆる民謡が多く、ボブは伝承歌に描かれた世界がロックンロールよりはるかに多彩なことに魅了されたのです。中でも強く影響を受けたのは、ウディ・ガスリーでした。

「まだミネアポリスにいるころにウディのレコードを聞き、わたしの人生は一変した。初めて彼の歌を聞いたときは、百万メガトンの爆弾が落ちてきたようだった」(『ボブ・ディラン自伝』P283)

フォーク・ソングの父と呼ばれるウディについては第5章であらためてふれますが、伝承曲のメロディや歌詞を借用して自分の時代や社会に合ったものに作り変え、大不況下に失業者や農民や非正規雇用の人たちのためにうたい続けた人でした。ボブ・ディランがそのウディに会いたい一心で、大学を中退し、東海岸のニューヨークに向かったのは61年1月のことです。

フォークのプリンス

その体験を彼は「ニューヨークを語る」などいくつかの歌に残していますが、当時のニューヨークのグリニッチ・ヴィレッジはフォーク・ソングの中心地でした。いくつもの小さなフォーク・クラブがあって、有名・無名の歌手が毎晩のようにステージに立っていました。ボブはそこで多くのフォーク・シンガーやブルース・シンガーと知り合い、やがて自分でも演奏する機会を得ます。時間のあるときは、ニュージャージーの病院に入院していたウディ・ガスリーを見舞いに行きました。また、この時期に、公民権運動に関わっていたスーズ・ロトロと出会って、彼女に影響され、公民権運動にまつわる事件をもとにした歌を作りはじめています。

駆け出しのボブ・ディランにレコードを出さないかと声をかけたのは、ジョン・ハモンドでした。ジョンはベシー・スミス、ビリー・ホリデイ、ベニー・グッドマン、チャーリー・クリスチャン、カウント・ベイシー、ピート・シーガーなどアメリカの音楽の歴史に残る数多くのアーティストを手がけてきた歩く伝説のようなプロデューサーです。彼が「きみは若くて才能がある」と言って契約書を差し出したとき、ボブは「夢を見ているとしか思えなかった」と言っています（『ボブ・ディラン自伝』Ｐ６）。

いくらプロデューサーがすごくても、最初から順風満帆に事が進んだわけではありません。62年に発表された最初のアルバムは、数千枚しか売れず、コロンビア・レコード社内では、「ジョン・ハモンドの道楽」と言われたそうです。

しかし63年発表のセカンド・アルバム『フリーホイーリン・ボブ・ディラン』とそこ

に含まれていた「風に吹かれて」「はげしい雨が降る」「戦争の親玉」「くよくよするなよ」などの自作曲によって状況は一変。彼は一躍フォークのプリンスとして注目されるようになります。特に「風に吹かれて」は公民権運動に関わりの深い歌として、またピーター・ポール&マリーが取り上げてヒットさせたことで、フォーク・ファンでない人にも広く親しまれていきました。

公民権運動や米ソ冷戦が続く中、64年1月にアルバム『時代は変る』を発表すると、社会派のフォーク・シンガーとしてのボブのイメージはいっそう強まり、ファンの中には、彼を自分たちの世代の代弁者や予言者のようにみなす若者が増えてきました。

ロックへの転身

それに居心地の悪さを感じたボブ・ディランは、特定の事件を主題とする歌作りを避け、自分を取り巻く世界を多角的な視点で見つめ、比喩的に描いた歌を作りはじめます。アコースティック・ギターでロック的なリズムを刻む曲も試みていました。65年3月の『ブリンギング・イット・オール・バック・ホーム』からシングル・カットされた「サブタレニアン・ホームシック・ブルース」は、エレクトリック・ギターやベースやドラムが鳴り響く中で意識の流れのような言葉が語られるチャック・ベリー風の曲でした。次いで発表されたロック・ナンバー「ライク・ア・ローリング・ストーン」は全米チャートの2位まで上がるヒットになりました。この曲の重要性については第3章であらためてふれますが、彼自身のレコードとしては初の大ヒットでした。ザ・バーズがボブの曲をロック風に演奏した「ミスター・タンブリン・マン」もその前に全米1位を記録、フォーク・ロックという言葉がにわかに注目を浴びはじめます。

いまでは想像しにくいかもしれませんが、当時はフォーク・ファンとポップスやロック・ファンの間に大きな溝があり、「まじめ」なフォークに関心を持つファンは、ヒット・チャートをにぎわせるロックやポップスを「一過性の気晴らし」「子供だまし」の音楽とみなしていました。そんなファンにとっては、フォークのプリンスがエレキ・ギターを手にすること自体が裏切りでした。

その断絶を象徴したのが、65年7月のニューポート・フォーク・フェスティヴァルでのブーイング事件です。彼がエレキ・ギターを抱え、バンドと共にステージに登場すると、客席は歓声とブーイングで騒然となり、演奏は数曲で終了。ステージに呼び戻された彼がアコースティック・ギターで「イッツ・オール・オーヴァー・ナウ、ベイビー・ブルー」をうたって、ようやくその場が静まりました。

この事件は尾鰭つきで語られ、ボブ・ディランが目に涙を浮かべてアコースティック・ギターを手にしたとか、ブーイングでステージを降ろされたといった話が独り歩きしています。そのほうがフォークからロックへの変化を物語にしやすいからでしょう。余談ですが、このとき彼が持っていたストラトキャスター（エレキ・ギター）は2013年に百万ドル近い価格で落札されたそうです。

それはさておき、65年後半のボブ・ディランのコンサート・ツアーのロックの部分はどこに行ってもブーイング続きでした。「子供だまし」と見下していたロックの中から、伝統的なフォークと遜色がない、あるいはそれ以上に興味深い歌詞を持つ電気的な表現が登場してきたのにとまどったフォーク・ファンは、形式にこだわるあまり、伝統が時代と共に更新されていくことが理解できなかったのです。

しかし「ライク・ア・ローリング・ストーン」で彼を支持したファンはフォーク・フ

ァンよりはるかに多く、8月に発表されたロック・アルバム『追憶のハイウェイ61』はベストセラーを記録しました。その曲もこのアルバムも、いまではロック史に残る傑作として必ず名前の挙がる作品です。

ボブ・ディランのロックへの転身は、64年にビートルズをはじめとするイギリスのロック・バンドが大挙して登場してきたことに刺激されたものでした。両者が実際にニューヨークで会ったのは、64年の8月ですが、それ以前からおたがいの音楽に関心を払っていました。ディランはビートルズのサウンドに、ビートルズはディランの歌詞に影響を受けて、どちらの音楽も急激に変化していったのです。

半隠遁生活

66年6月に『ブロンド・オン・ブロンド』という当時のポピュラー音楽では異例の2枚組アルバムを発表したとき、創作意欲にあふれるボブ・ディランの前途は洋々と開けているように見えました。しかしその矢先の7月に彼はバイク事故で重傷を負います。事故の詳細は証言者によって異なるのですが、それを機会に彼はニューヨーク郊外のウッドストックで妻のサラや子供たちと半隠遁生活に入ります。

彼のバイク事故の直前の6月にビートルズはコンサート・ツアーを停止したばかりでした。ローリング・ストーンズも同様の状態にあり、それまで数年間ポピュラー音楽の最前線にいた人たちが突然いなくなってしまったわけです。

その空白を埋めるかのようにジミ・ヘンドリックス・エクスペリエンス、クリーム、ジェファソン・エアプレインら、即興性に重きを置き、サイケデリックなロックを演奏するグループが登場してきます。そうした音楽を背景に67年のモンタレー・ポップや、40万人を集めた69年のウッドストックが開催され、ロックをめぐる状況は新しい局面に突入しました。カウンター・カルチャーが注目され、学生運動やヴェトナム反戦運動がいちばん盛んだったのもこの時期です。

その間、休んでいたボブ・ディランが時代から取り残されたかというと、そんなことはありません。現場から距離を置くことでかえって彼の音楽はロックの動向に影響を与えていたのです。半隠遁していた時期に、カントリー音楽の都ナッシュヴィルでレコーディングした『ジョン・ウェズリー・ハーディング』は、カントリー・ロックという分野を切り開くアルバムでした。

負傷する前に彼のバックをつとめていたグループはザ・バンドと名乗って68年にアルバム『ミュージック・フロム・ビッグ・ピンク』でデビューしますが、ボブとの共作3曲を含むそのアルバムは、カントリーやリズム&ブルースが絶妙に融合されたものでした。その準備段階のセッションから流出した音源もロック初の海賊盤『グレイト・ホワイト・ワンダー』として69年に話題を呼びました。このセッションは75年に『地下室』というタイトルで正規発売されています。

ボブやザ・バンドのこの一連の作品は、サイケデリックな音楽からルーツ色濃い音楽へのロックの潮流の変化の前触れでした。サイケデリックなロックの先端にいたジミ・ヘンドリックスは、『ジョン・ウェズリー・ハーディング』が発売されるとすぐに「見張塔からずっと」をカヴァーしましたし、即興演奏の王様だったクリームのエリック・クラプトンは、ザ・バンドのデビュー作に衝撃を受け、わざわざウッドストックを訪れています。

アメリカでは21世紀に入って、カントリー、フォーク、ブルースなどルーツ・ミュージックの要素を現代化した音楽がアメリカーナと呼ばれるようになりますが、この時期の彼らの音楽は、その先駆的な存在だったのです。

ローリング・サンダー・レヴュー

半隠遁状態のときも、彼は断続的にライヴ活動を行なっていました。68年のウディ・ガスリーを記念するコンサート。69年のワイト島フェスティヴァル。71年のジョージ・ハリスン提唱によるバングラデシュ・コンサート、71年のザ・バンドの年末コンサートなどです。また、73年には『ビリー・ザ・キッド　21才の生涯』に脇役で出演。映画音楽も担当して主題歌の「天国への扉」をヒットさせています。

74年にボブ・ディランはザ・バンドとの全米ツアーで全面復帰しました。彼が休んでいた間にロック・ビジネスは大きく成長し、ポピュラー音楽をめぐる環境は様変わりしていました。伝説に包まれたスーパースターとしてカムバックした彼のツアーは、8年前とくらべものにならないくらい大規模で、郵便申し込みで発売された入場券には、空前の申し込みが殺到しました。

ところが盛況のうちに終わったツアーの直後に彼が行なったのは、名前を隠して友人たちと一座を組み、全米各地の小さなコンサート・ホールを抜き打ちで巡回する「ローリング・サンダー・レヴュー」でした。それは巨大化したロック・ビジネスに本能的な違和感を感じたからだと思われますが、そんなきめ細かなツアーを可能にしたのが70年代に入って整備された音楽ビジネスのシステムの余裕だったことも事実です。

ともあれ、この時期の彼の音楽はザ・バンドとの74年の『プラネット・ウェイヴズ』やライヴの『偉大なる復活』、名作の誉れ高い75年の『血の轍』、作詞家を起用した76年の『欲望』、76年のライヴ『激しい雨』といったアルバム、映画『レナルド&クララ』などに記録されています。

この時期からボブがライヴで再演した曲の主なものは原曲とは似ても似つかぬメロディでうたわれることが増え、それがコンサート活動の基本的なスタイルになっていきます。ジャズ・シンガーが即興的に歌を崩してうたうのはよくありますし、ロックでも演奏を即興で変える人は珍しくありませんが、彼ほどひんぱんにうたい方を変える人は他に聞いたことがありません。

彼には歌詞が長くてテンポの速い歌も多いのですが、まちがえずにメロディを変えながらうたっているのを聞くたび、驚かされます。変わったダミ声なので、歌唱力を評価する人は少ないのですが、実はたいへんな技量の持主であることがわかります。

ゴスペル三部作

78年にはワールド・ツアーを行ない、初来日して『武道館』というライヴ・アルバムを残しています。このころからコンサートでは女性コーラスを含む比較的大所帯のバンドとの活動が10年ほど続きました。

アルバムでは79年の『スロー・トレイン・カミング』、80年の『セイヴド』、81年の『ショット・オブ・ラブ』がゴスペル三部作と呼ばれて話題を呼びました。後に再婚することになるキャロル・デニスの影響でキリスト教に改宗していたのが直接のきっかけだったようです。この時期の曲を中心にしたコンサートを行なったときは、まるで布教活動のようだと言われたこともありました。しかし83年のアルバム『インフィデル』の時期には、ユダヤ教信者に戻ったとされています。

さて、80年代中期は音楽専門チャンネルＭＴＶの人気が定着してポップなロックの人気が70年代以上に高まり、音楽産業に好まれるコーポレート・ロックという言葉が広まった時期です。その中で身の置き方に迷いがあったのでしょう。アルバムに散漫なものが増え、彼自身、演奏に確信を持てなくなっていたと回想しています（『ボブ・ディラン自伝』Ｐ１７６）。

この時期の目立った活動は、社会性のあるイベントへの参加や他の有名ミュージシャンとの共演でした。

85年にはエチオピアの飢饉救済に賛同したスーパースターたちによる「ウイ・アー・ザ・ワールド」の録音やライヴ・エイドのコンサートに参加します。南アフリカのアパルトヘイト政策に反対する「サン・シティ」のレコーディングもこの時期のことです。ライヴ・エイドのステージで彼は、アメリカの自作農家の窮状を訴えましたが、その発言を聞いたウィリー・ネルソンやニール・ヤングが同年にファーム・エイドというチャリティ・イベントを行ない、それにはボブも出演しました。このコンサートは21世紀に入ってからも継続して行なわれています。

3000回超のコンサート

ザ・バンドを除けば、コンサート・ツアーごとにバック・バンドを編成してきた彼ですが、86年から87年にかけては、珍しくトム・ペティ&ザ・ハートブレイカーズやグレイトフル・デッドといった人気グループとツアーを組んだこともあります。ツアーの途中で彼は重傷を負っていますが、66年のときとはちがって、長期の活動休止に入ることはありませんでした。

しかしこの時期の彼を救ったのは、そのツアーではなく、トラヴェリング・ウィルベリーズのプロジェクトでした。ジョージ・ハリスンがアルバム『クラウド・ナイン』のレコーディング中、プロデューサーのジェフ・リンとロックンロールのバンドを組もうと思いついて、ボブ・ディラン、ロイ・オービソン、トム・ペティに声をかけたところ、アルバムまで作ることになったのです。

わずか10日間ほどで主要部分がレコーディングされた88年の『トラヴェリング・ウィルベリーズ vol.1』は楽しい雰囲気のルーツ・ロック・アルバムでした。いつも我が道を行く歌のボブが、他のメンバーの脇に寄り添ってコーラスまでしているのは驚きでした。ジョージ・ハリスンは、90年代のスキッフルと形容したそうですが、ビートルズの前身グループ、クオリーメンもきっとこんなふうにしてスキッフルやロックンロールを楽しんでいたのでしょう。

トラヴェリング・ウィルベリーズが短期間でレコーディングを済ませたのは、ボブ・ディランの予定が先に入っていたからでした。そこからはじまったツアーは後に「ネヴァー・エンディング・ツアー」として知られることになります。

ツアーのこの呼び名はバンドにギタリストのG・E・スミスがいた91年までの時期のもので、以後毎回異なる名前をつけていたと彼は言っていますが、世間的にはこちらのほうが通りがいいようで、コロナの流行する前の2019年までに行なったコンサートは実に約3000回にのぼるというから驚きです。21年に再開したツアーも22年末ですでに100回を超えました。彼の世代のミュージシャンではまちがいなくナンバー・ワンの回数でしょう。

適正な規模でツアーすることに発想を切り替えたのがいい刺激になったのだと思いま

すが、89年にダニエル・ラノアをプロデューサーに迎え、時間をかけて作られたアルバム『オー・マーシー』は新たな達成として絶賛で迎えられました。ダニエルはブライアン・イーノと共にU2の名作『ヨシュア・トゥリー』の独特の音響をプロデュースして注目されたカナダ出身のミュージシャンです。

それまでのボブのアルバムは基本的には、スタジオ・ライヴに近い形の演奏を録音したものに足りない部分を追加して作られていました。凝った作りではないので、突然アルバムが発表されたり、直前に内容が差し替えられたりといったこともしばしばでした。しかしダニエルはボブの声を生かしながら、編曲の細部や音の響きに注意を払ったアルバムを作り上げることに成功していました。ボブの長い活動歴の中で、「まともに」プロデュースされたアルバムはこれがはじめてと言っていいでしょう。

このアルバムを聞くと、中・東欧諸国の民主化運動のニュースが新聞の一面を飾っていた日々の記憶が甦ります。アルバム発売の2か月後には、東西冷戦の象徴だったベルリンの壁が崩壊しました。冒頭の「ポリティカル・ワールド」には要約するとこんな言葉が並んでいました。

われわれは政治の世界に住んでいる。そこでは愛に居場所がない。知恵は監獄に入れられ、慈愛は船から落とされる。生は鏡の中に閉じこめられ、死は階段を上って銀行に消える。平和は少しも歓迎されず、戸口から締め出される。すべてが彼女のもの、でなければ彼のもの……皮肉なことに、悲観的すぎるこうした言葉がいまいっそうの現実味を帯びてきているように見えます。

ブートレッグ・シリーズ

90年代以降は、長い経歴を踏まえて、アメリカの音楽史を俯瞰するような仕事が続いています。92年にはニューヨークのマディソン・スクエア・ガーデンに数多くのミュージシャンが集まり、彼のレコード・デビュー30周年を祝いました。このステージでは直前のテレビ番組でローマ法王の写真を破いたシネイド・オコナーの演奏がブーイングで中断させられました。彼女がボブ・マーリーの「ウォー」の一節を無伴奏でうたって去ったのは、65年のニューポート・フォーク・フェスティヴァルを思わせる事件でした。

レコードではブートレッグ・シリーズと銘打って、未発表音源多数を含む過去のレコーディングが91年から発表されはじめたのが注目されます。このシリーズは23年1月の段階で17集まで発売されていますが、音楽作りの過程をうかがわせる興味深い断片から、なぜ録音時に発表されなかったのか不思議なほど素晴らしい曲までを含む驚くべき作品群です。彼は「(なぜあのときアルバムに入れなかったのかとよく批判されるが)自分ではうまく録音できてないと思うから入れなかった」という意味のことを言っているそうですが(『Behind the Shades』P826)、真に受けるファンは少ないと思います。いずれにせよブートレッグ・シリーズの登場によって、既発売のアルバムでたどられてきた彼の活動の評価は、修正を迫られざるをえなくなりました。

97年には心臓疾患で入院して重篤な時期を過ごしましたが、「もうすぐエルヴィスに会えるのかと思った」という冗談と共に活動に復帰。しばらく続いていた古いカントリーやブルースのカヴァー・アルバム(『グッド・アズ・アイ・ビーン・トゥ・ユー』『奇妙な世界に』)から一転して、再びダニエル・ラノアのプロデュースで新作『タイム・アウト・オブ・マインド』を発表。デビュー35年目にしてはじめてグラミー賞のベスト・アルバム賞を手にしています。

21世紀に入ってからも彼はコンスタントにツアーを続け、アルバムを発表し、そのかたわら描いていた絵画を発表したりしてきました。2001年の『ラヴ・アンド・セフト』からはツアー・バンドとスタジオに入り、ジャック・フロスト名義でプロデュースも自分で行ないはじめます。以後、敏腕プロデューサーや豪華ゲストを呼ばなくても、演奏を深めることができるという、ふっきれた自信のようなものがついてきた気がします。

04年刊行の『ボブ・ディラン自伝』では、影響を受けた音楽や本や映画や人物について語り、06年から100余回にわたって放送されたラジオ番組「テーム・タイム・レイディオ・アワー」ではパーソナリティとしてアメリカのさまざまな音楽を毎回テーマを決めて紹介していました。近年のコンサートでは彼はほとんどしゃべりませんが、いまもネットで聞けるこのラジオ番組では饒舌に音楽への愛や思い出を語っています。

09年のクリスマス・アルバムや、古いスタンダードをツアー・バンドで録音した15年から17年にかけての『シャドウズ・イン・ザ・ナイト』『フォールン・エンジェルズ』『トリプリケイト』などもアメリカの音楽史を俯瞰しながら、自分の音楽の位置を探るような仕上がりでした。06年の『モダン・タイムズ』、12年の『テンペスト』、20年の『ラフ&ロウディ・ウェイズ』など充実した新作群も忘れてはなりません。

ピュリッツァー賞、ノーベル賞……

ボブ・ディランはフォークやロックの世界だけで評価されてきたわけではありません。1960年代から現在までデューク・エリントン、ニーナ・シモン、ハービー・ハンコックをはじめ多くのジャズメンが彼の曲を取り上げてきました。2003年にはゴスペルやR&B系のアーティストによる『ゴスペル・ソングス・オブ・ボブ・ディラン』というカヴァー・アルバムが作られました。ヒップホップの歴史を作ってきたJay-Zは作品で「愚かな風」に言及し、ケンドリック・ラマーは、ボブ・ディランがやっているようなことを自分の音楽でやりたいと語っています。近年は彼の曲をオラトリオ化した作品もアメリカ各地で上演されています。

16年にボブはミュージシャンとして初のノーベル文学賞を受賞しました。授賞理由は「アメリカの歌の素晴らしい伝統の中に新たな詩的表現を生み出した」というものでした。音楽家に文学賞を与えることの是非をめぐっては、選考委員会で議論がなかったわけではないでしょう。発表後も、なぜ歌手に文学賞を、と世間を騒がせましたが、結局、古代から詩は朗詠されるものだったというあたりに話が落ち着いたようです。それを裏打ちするかのように彼は翌年の記念講演の原稿を、ホメロスの言葉でしめくくっていました。「ミューズ（詩神）よ、わたしの中でうたって、わたしを通して物語を伝えてください」と。

ボブが言いたかったのは、彼の歌は自己表現という以上に、時代の物語を運ぶ媒体だということでしょう。20年のアルバム『ラフ&ロウディ・ウェイズ』の「マザー・オブ・ミューズ」にはこんなくだりもあります。「わたしを風のように目に見えない存在にしてください」

88年にロックンロールの殿堂入りしたときは、ブルース・スプリングスティーンが「エルヴィスがあなたの肉体を解き放ったように、ボブはあなたの心を解き放った」と

『ラフ＆ロウディ・ウェイズ』（2020年）

紹介していました。08年のピュリッツァー賞授賞理由は「詩的な創作の力によってポピュラー音楽とアメリカ文化に深い衝撃を与えた」というものでした。12年にバラク・オバマ大統領は「アメリカの音楽史に彼より大きな巨人はいない」と言ってボブに大統領自由勲章を贈りました。『ローリング・ストーン』誌は11年に「ライク・ア・ローリング・ストーン」を史上最も重要な曲に、15年に偉大なソングライターの第1位に彼を選んでいます。

ソニー・ミュージックによれば彼のレコード売り上げは全世界で推定1億2500万枚。第1位のビートルズに比べると10分の1以下でしょう。しかし影響力はビートルズに勝るとも劣りません。パンク・ロッカーのジョー・ストラマーは「ディランはロックの歌詞、曲、真剣味、精神性、深淵さのテンプレート」を作ったと語っていました。

彼自身は飄々としてそんな評価はどこ吹く風。コロナで中断していたコンサート活動も21年12月から再開しました。今回は「ラフ&ロウディ・ウェイズ・ワールド・ツアー」と名付けられ、本書執筆中も公演予定が刻々と追加、更新されています。

第1章　「風に吹かれて」の衝撃

いきなりの大抜擢

ボブ・ディランは数多くの名曲を作っていますが、最も有名な曲は何といっても「風に吹かれて」でしょう。フォーク・ソングをかじったことがある人なら、この曲はスタンダード中のスタンダードとして、一度はうたったり、ギターを弾いたりしたことがあるはずです。

首にハーモニカ・ホルダーをかけ、アコースティック・ギターを弾き語りするフォーク・シンガーのイメージの原型が、この歌をうたうボブ・ディランだったと言っても過言ではありません。

彼の「風に吹かれて」は1963年5月にアルバム『フリーホイーリン・ボブ・ディラン』で発表されました。曲を作ってから1年以上、録音してから10か月ほど経ってからの発表です。

この曲は世間的にはまずピーター・ポール&マリーのヒット曲として注目されました。レコードがヒット・チャートをかけ上りつつあった7月26日、彼らはニューポート・フォーク・フェスティヴァルに出演しました。しかし同フェスティヴァルのフィナーレに登場してこの歌をうたったのはボブ・ディランでした。フリーダム・シンガーズ、ジョーン・バエズ、ピーター・ポール&マリーらを舞台に呼び戻して、一緒にこの歌をうたったのです。

共演したフリーダム・シンガーズは公民権運動の推進団体のひとつ、学生非暴力調整委員会から生まれたゴスペル・グループです。この曲のステージには、フェスティヴァルの推進役の一人ピート・シーガーの姿も見えますが、ピートは公民権運動に熱心だった人で、このグループのことも応援していました。

ピートが50年代に結成していたウィーヴァーズは「グッドナイト・アイリーン」や

の「ウィモウェ（ライオンは寝ている）」をヒットさせた人気グループでした。しかし米ソ冷戦下、アメリカの左翼思想の持主が非難されたとき、ピートは公聴会で証言を拒否して、放送から締め出されました。彼はやむなく大学を回ってフォーク・ソングを若者たちに伝え、「花はどこへ行った」「天使のハンマー」などの名曲を発表していきました。

ピートに触発された学生グループ、キングストン・トリオの「トム・ドゥーリー」のヒットが58年。以後60年代前半まで若者たちの間でフォーク・ソングが静かなブームを呼びます。新しい曲を作る人もいましたが、「トム・ドゥーリー」のように古くから伝わる民謡を新しい編曲でうたうことも多かったので、その動きはフォーク・ソング・リヴァイヴァルとも呼ばれました。そのブームが頂点を迎えたのが63年のことです。

それまでのボブ・ディランはニューヨークや各都市の小さなクラブでうたうフォーク・シンガーの一人に過ぎませんでした。その彼がニューポート・フォーク・フェスティヴァルに初出演して、いきなりトリをつとめたのですから、大抜擢です。「風に吹かれて」を作ってから1年と少し。この瞬間から彼はフォークのプリンスとして、後戻りのできない騒ぎの渦に巻き込まれていくことになります。

話を少し戻しましょう。「風に吹かれて」が生まれたいきさつについては、本人も関係者もけっこう詳しく語っています。それによると、62年4月16日にニューヨークのグリニッチ・ヴィレッジのコモンズという珈琲店にいたときに作ったと言われています。

友人のシンガー・ソングライター、デイヴィッド・ブルーの回想では、ボブ・ディランがギターと紙と鉛筆を取り出し、しばらくコードを弾いて歌詞をメモしていた、途中でギターを弾いてくれと渡されたので、リズムを刻んで彼が歌詞を書きやすくした。そして1時間ぐらいでできたのが「風に吹かれて」で、その段階では2番までしかなかった、とのことです。

すぐに知人のギル・ターナーに聞かせたら、即座に気に入ったギルはその夜のフォーク・シティ（ヴィレッジの有名なライブハウス）でのライヴでさっそく披露して喝采を浴びています。ボブ・ディランも何日か後にうたって、手応えを得ています。

この楽譜と歌詞は5月に『ブロードサイド』6号の表紙に掲載され、ボブ・ディランは7月にレコーディングしています。しかし発売には時間がかかり、その間彼はテレビやステージでこの曲をうたっていました。

翌年夏にヒットしたのは前述のように彼と同じマネジャーが契約していたピーター・ポール＆マリーのシングルでした。この曲は6月に発売され、8月17日付で全米2位まで上がります。その週の上位の曲は①スティーヴィ・ワンダー「フィンガーティップス」②「風に吹かれて」③エルヴィス・プレスリー「悲しき悪魔」④サファリーズ「ワイプ・アウト」⑤レスリー・ゴーア「ジュディーズ・ターン・トゥ・クライ」でした。「風に吹かれて」以外は当時の典型的なR＆B、ロック、ポップです。

この曲はおりからの公民権運動の中で、「勝利をわれらに」と並んで、デモなどでさかんにうたわれるようになっていきました。どれだけの道を歩けば、彼は人間と呼ばれるようになるのだろうという最初の歌詞は、人種差別撤廃を求める公民権運動のデモの中では、参加者の気持ちを代弁するものに思えたにちがいありません。

ゴスペル／ソウル歌手のメイヴィス・ステイプルズは「黒人の不満や切望を白人の若者がどうしてこんなに強くとらえることができたのかと驚いた」とボブ・ディランの伝

記映画『ノー・ディレクション・ホーム』で語っています。後にスティーヴィ・ワンダーはこの曲をカヴァーし、サム・クックはこの曲に影響されて「ア・チェンジ・イズ・ゴナ・カム」を作りました。

63年8月28日に公民権運動の指導者マーティン・ルーサー・キング牧師の提唱によるワシントン大行進の最終日の集会が行われました。首都ワシントンのリンカーン記念堂前広場を埋めた20万人の参加者を前に、キング牧師が「アイ・ハヴ・ア・ドリーム……」と繰りかえす有名な演説を行なった歴史的集会です。その集会に参加したピーター・ポール&マリーは壇上で「風に吹かれて」と「天使のハンマー」を、ボブ・ディランは「しがない歩兵」を、ディランとジョーン・バエズは「船が入ってくるとき」をうたっています。

黒人霊歌とカトリック聖歌の影響

本人も語っていますが、「風に吹かれて」には元になった旋律があります。黒人霊歌として知られていた「ノー・モア・オークション・ブロック」です。競売台はもうごめんだとうたわれる、奴隷として売りさばかれた黒人たちの恨みのこもった嘆きの歌で、60年代のはじめにはフォーク歌手のオデッタからクラシック系のポール・ロブソンまで、さまざまな人にうたわれていました。

ボブ・ディランはニュー・ワールド・シンガーズのデロレス・ディクスンがフォーク・シティでうたっていたヴァージョンを参考にしたと語っています。ニュー・ワールド・シンガーズは前述のギル・ターナーが、デロレス・ディクスン、ハッピー・トラウム、ボブ・コーエンと結成していたグループで、「風に吹かれて」のレコードを誰よりも早く発売しています。デロレスだけが黒人という当時は珍しい編成のグループでした。「ノー・モア・オークション・ブロック」はとても有名な歌というわけではないので、引用に気づいた人がどれだけいたかわかりませんが、「風に吹かれて」はその曲の文体でうたうことが必要だったとボブ・ディランは語っていました。奴隷制度の不条理を訴えるこの曲を引用することで、「風に吹かれて」を、曲の全部ではなくとも、アメリカの黒人の歴史に接続しようとしたわけです。

この歌の旋律は、カトリックの聖歌「オ・サンクティシマ」に似ていると言われることもあります。元はシチリアの漁師が1日の終わりに無事を感謝してうたっていた歌が、ドイツを経由してヨーロッパ各地に広まったもので、18世紀末にはイギリスに伝わっていました。それが何らかの形で「ノー・モア・オークション・ブロック」に取り入れられ、その曲を通じて「風に吹かれて」に転用されたのではないかというわけです。とすれば「オ・サンクティシマ」を知っている人が「風に吹かれて」を聞けば、メッセージを読み取るだけでなく、祈りの気持ちがこめられていることも感じるでしょう。

「オ・サンクティシマ」「ノー・モア・オークション・ブロック」の旋律はまた「勝利をわれらに」に影響を与えたとも推測されています。公民権運動の賛歌として広まった重要な2曲が共通の背景を持っていたのは、とても興味深い偶然です。

難しい言葉は出てこないが

「風に吹かれて」に難しい言葉や言い回しは出てきません。むしろ単純に思えるほどです。歌は3番まであり、どの番もハウ・メニーという言葉からはじまる疑問3つと、それを受ける部分から成り立っています。

問われているのは人間の尊厳や反戦平和の願いにまつわる重要な疑問です。たとえば最初に出てくる、どれだけの道を歩けば、彼は人間と呼ばれるようになるのだろう、という一節は、人が置かれた不条理な状況全般についての疑問です。

あるいは、道は旅や人生や練達という意味にとることもできますから、その場合は人間の成長をめぐる一般的な感懐がうたわれているとも解釈できます。

前者についていえば、世の中には、理念ではわかっているはずの問題なのに、どういうわけか解決しない事象がたくさんあります。たとえば貧困や戦争です。理想では、あってはならないと思っている人が多いのに、現実には、欲望や無関心のおかげで、なかなかなくならない。その理由を子供にたずねられて、説明できる大人がどれだけいるでしょう。62年6月号の『シング・アウト！』誌で21歳のボブ・ディランはこう語っていました。

「答は風の中にある。紙切れのように舞っていて、降りてくることもある。だけど困ったことに、誰も答を拾い上げようとしない。答を知る人も少ない。そのうち答はまたどこかに飛んで行ってしまうんだ」

歌詞に出てくる言葉ブロウィン・インには浪費するという意味もあるそうです。この問答の性格は「裸の王様」の子供の疑問に連なる気がします。

2番に出てくる、どれだけの歳月、山は存在できるのだろう、海に流されるまでに、という問いは、抗議とも社会的な事件とも縁がありません。この詩的かつ神話的な問いに答えられる人は誰もいないでしょう。しかし時空を超えたこの部分が並置されることで、どれだけの道を歩けば……をはじめ、他の問の根本的な解決の難しさや奥深さも強調されます。

ポピュラー音楽初の「鋭い問いかけ」

この歌で注目すべきなのは、疑問の重さだけでなく、そこに他人事がひとつもないところです。自分は加害者ではないことを前提として不正を指摘したり、責任者に抗議したりすることは、それなりの勇気が必要ではありますが、ある意味では簡単です。それに対してこの歌では不条理が自分の問題として、内面の問題としてとらえられているのです。

それを象徴するのが、人は見ないふりをするために、何度顔を背けられるのだろう、という2番の3つ目の疑問です。見て見ぬふりをしているのは実はわれわれ自身ではないのか、というのはとてつもなく鋭い問いかけです。このような歌がポピュラー音楽の歴史に登場したのは、たぶんはじめてです。「風に吹かれて」が画期的な作品と言われるゆえんです。

この疑問からことわざの「見ざる言わざる聞かざる」や旧約聖書エゼキエル書12章の冒頭の「彼らは見る目があるが見ず、聞く耳があるが聞かず」を連想する人もいるようです。本歌取りのように過去のさまざまな作品を引用して、歴史をさかのぼる、と同時に未来に向けた別次元の視点を加える、あるいはさまざまな連想を誘ってやまない作品に仕上げる……それまで主に叙述的な歌を作ってきたボブ・ディランが最初に大きく飛躍をとげたのが「風に吹かれて」でした。

第2章　政治・社会に関わる2つの重要曲

63年発表『フリーホイーリン』

何年前でしたか、「音楽に政治を持ちこむな」という主張がネットで話題を呼びました。音楽と政治の結びつきについて、好みや考えを主張することは自由ですし、単なるスローガンのような歌はぼくも好きではありません。しかしたとえ意識していなかったとしても、音楽がその一部である日々の暮らしは政治と無関係ではありえません。この主張は、孫悟空がお釈迦様の掌にいながらお釈迦様を排除できると思っているような言葉でした。音楽は、内容を問わず、それを必要とする人々がいるから、いるかぎり、生まれてくるものなのです。

ボブ・ディランが登場したころ、アメリカではプロテスト・ソング（抗議の歌）がフォーク・ソングの中で注目されていました。抗議の対象は政治家の行動、戦争、さまざまな差別、不当な労働条件などなどです。フォークと公民権運動の関わりについては、前の章で少しふれました。

ボブ自身は「風に吹かれて」をプロテスト・ソングとは思っていなかったようですが、公民権運動の賛歌としてうたわれる中で、世間はこの歌を広義のプロテスト・ソングと受け取っていました。そしてボブ・ディランといえば、メッセージ性のある歌をギターで弾き語るフォーク・シンガーというイメージが広がっていきました。

おまけに1963年発表のアルバム『フリーホイーリン・ボブ・ディラン』にはその曲だけでなく、政治や社会に深く関わる重要な作品が他にも収録されていました。「はげしい雨が降る」と「戦争の親玉」です。この章ではその2曲について少し詳しく見ておきましょう。

民謡が下敷きの「はげしい雨が降る」

「はげしい雨が降る」はかつて「今日も冷たい雨が」という邦題がつけられていた、彼の作品の中でもきわめて世評の高い曲のひとつです。長い歌にもかかわらず、ジョーン・バエズやピート・シーガーらフォーク系の人からレゲエのジミー・クリフやポップ畑のナナ・ムスクーリまで、幅広い人にカヴァーされています。

ボブがこの曲を作りはじめたのは62年の夏のことでした。公的な初演は62年9月にピート・シーガーが主宰したカーネギー・ホールでのフーテナニー出演時です。フーテナニーは参加者が順番にうたったり、コーラスしたりする小さなフォーク集会のことですが、それを大劇場の舞台に上げて披露できるくらい、フーテナニーの人気が高まっていたわけです。

歌は、母親が青い目の息子にどこに行ってきたのかとたずねるところからはじまります。息子がそれに答えると、母親がまた次の質問をして、息子が答えます。

この曲には下敷きがあり、直接的にはジーン・リッチーが無伴奏でうたうアメリカのアパラチア山地に伝わる民謡「ロード・ランドル」が参考にされています。ジーンの元

『フリーホイーリン・ボブ・ディラン』（1963年）

歌はスコットランドやイギリスに伝わる民謡「ロード・ランドル」で、通称『チャイルド・バラッド』という研究書には12番として登録され、「ロード・ロナルド」「クルーディン・ルー」など、歌詞の異なるヴァージョンがたくさん掲載されています。問答形式の似た民謡はヨーロッパ各地にあり、「ラッヴェレナート」というイタリア民謡起源説を唱えている人もいます。聞いてみると、同系統と推測されていても、アイルランドのゲール語でうたわれる歌など、別の歌にしか思えないものも少なくありません。

ジーンの歌では、母親と森から帰って来た息子との問答が、質問2行と回答2行を単位にして進み、息子が恋人に毒入りの食事を出されたことが明らかになっていきます。記録に残る古いヴァージョンでは、息子の嫁を気に入らない母親が、嫁に飲ませようとした毒入りワインを息子が飲んでしまったり、継母が毒を盛ったりもしています。何はともあれ、まがまがしさのつきまとう、不幸な悲しい結末を迎える民謡として知られてきた曲です。

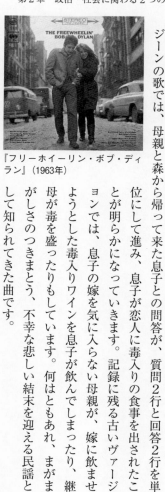

「はげしい雨が降る」でのボブはリズムもメロディも歌詞も大幅に変えています。歌詞は5番まであり、いずれも「どこに行ってきた」「何を見た」といった問いが2度くりかえされるのは、「ロード・ランドル」を踏襲しています。しかし回答はそれぞれ問いの何倍もあり、原曲の下世話な事件とちがって、世界に危機が迫り来る様子が次々に黙示録的に列挙されています。

アルバム『フリーホイーリン』のナット・ヘントフの解説には、回答のそれぞれの行は、別の歌のはじまりに使うつもりだったが、すべての歌を作る時間がないと思ったので、入れられるものはすべてこの歌に入れたというボブの言葉が引用されています。

たとえば1番で息子は、12の山脈、6つのハイウェイ、7つの森、12の海辺、1万マイルの墓場の入り口に行ったと答えています。「7つの悲しい森の中に踏み込んだ」は、ジーンの民謡の「森に行ってきた」を踏まえていますが、「7つの悲しい森」という言葉から浮かぶのは現実の森というより、象徴的な森です。5番の「雨が降り出す前に戻るんだ　いちばん遠くの黒い森の奥深くまで歩いて」という部分も同様です。詩的な情景が次々に語られた後、末尾では民謡になかった「はげしい雨が降ってくる」というフレーズがうたわれます。

「風に吹かれて」もそうですが、下敷きにした民謡の単なる替え歌や剽窃とはちがって、ボブが「はげしい雨が降る」で行なっているのは、原曲の不吉な印象を受け継ぎつつ、スケールの大きい幻想的光景を描き出した次元のちがう歌の創造です。

「核」との関連は否定

アルバム『フリーホイーリン』の解説で、ナット・ヘントフは、この曲は「62年10月、キューバのミサイル危機のころに書かれた」と書いていました。キューバのミサイル危機とは、アメリカの目と鼻の先にあるカリブ海の島国キューバに、冷戦の相手国ソ連が核のミサイル配備を進めていることを10月にケネディ大統領がテレビ演説で明らかにして、すわ第３次世界大戦かと緊張が走り、11月まで大騒ぎになった事件を指します。

前述のようにこの曲はキューバ危機より前の夏に作られていましたが、広く知られるようになったのは、63年5月のアルバム発表後のことですから、この曲はキューバ危機と関わりがあり、「はげしい雨」は「核の雨」のことだと解釈して聞く人が少なくありませんでした。

63年5月、アルバム発売の直前にボブはクラブ出演のためにシカゴに行き、ラジオWFMTのベテランDJスタッズ・ターケルの人気番組のゲストに招かれます。世間的には無名に近い21歳の新人歌手が有名番組に1時間も出演するという異例の出来事でした。

その番組の録音はネットで聞けますが、そこでスタッズが「核の雨」と語る言葉をさえぎって、ボブは「はげしい雨」は「核の雨」ではないと否定しています。続いて、5番の「毒の丸薬が水にあふれる」という歌詞についてもふれ、核汚染とは関係なく、ラジオや新聞で人々が聞かされる嘘のことだと語っています。

ラジオに出演して堂々とラジオに批判的なことをしゃべっているわけですから驚きです。生意気な奴だと思った人もいるでしょう。しかしいま聞くと、これは21世紀のメディア状況についてもあてはまることではないかと思えます。

それはさておきこの歌は、寓話のようでもあり現代詩のようでもある回答部分の表現が大反響を呼びました。ビート世代の詩人で、ボブにも影響を与えたアレン・ギンズバーグは、ボブの伝記映画『ノー・ディレクション・ホーム』の中でこの曲をはじめて聞いたときの思い出をこう語っています。

「インド旅行から帰ってきて西海岸にいたとき、ボリナスでパーティがあって、詩人のチャーリー・プライメルが若いフォーク・シンガーのレコードをかけたんだ。聞いたのは『はげしい雨が降る』だったと思う。泣いたよ。たいまつが前の世代のボヘミアンやビートの啓示や自己啓発から別の世代に受け継がれたように思えたから」

ブライアン・フェリー、パティ・スミス……

「はげしい雨が降る」は60年代から数多くの歌手にうたわれ、73年にはイギリスでロキシー・ミュージックのブライアン・フェリーのカヴァー・ヴァージョンがトップ10ヒットを記録したこともあります。

この歌は21世紀に入ってからも、話題が続いています。

たとえば、2009年には、デンマークのコペンハーゲンで、国連気候変動枠組条約第15回締約国会議（COP15）が行なわれましたが、そのとき「はげしい雨が降る」のライヴ・ヴァージョンを使った映像が国連環境計画（UNEP）によって「ハード・レイン展覧会」で公開され、非公式のアンセムとして扱われました。

雨が降り出す前に元に戻るんだ、沈みはじめるまで海の上に立つんだ、わたしがうたうのはすでに知っている歌だ、激しい雨が降ってくるぞ……これらはこの歌の言葉の断片を抜き出したものですが、まるで温暖化をめぐる議論のために書かれたようではありませんか。

この曲は16年にボブがノーベル文学賞を受けたときにも脚光を浴びました。彼は授賞式には出席しませんでしたが、その後の式典でパティ・スミスがうたったのです。

パティ・スミスはニューヨーク・パンクの女王と呼ばれた女性詩人・歌手で、1970年代にボブが彼女のライヴに足を運んで以来、交流がありました。だから彼から頼まれて代理で出席したのかと思ったら、そうではなく、式典の演奏を依頼されたのは受賞者が決まる前のことだったそうです。依頼を受けて彼女は自分の曲を用意して臨むつもりでした。

ところがその後ボブの受賞が決まると、とても自分の歌はうたえないと感じて、ノーベル文学賞にふさわしい作品として、彼女は16歳のときから愛聴して自分の一部のようになっていたこの曲を取り上げることに決めたのです。

当日、あつらえたような雨は、ストックホルム・コンサート・ホールで式典がはじまるころには雪に変わっていました。その舞台で彼女に思いがけない出来事が起こります。長い長い歌の途中で言葉が出てこなくなったのです。一瞬戸惑い、素直に詫びて、歌を続け、見事にうたい終えた後の聴衆の拍手のあたたかだったこと。後日談によれば、歌詞を忘れたわけではなく、豪華な会場や居並ぶお歴々や報道陣の雰囲気にのまれて、言葉が急に出なくなったのだそうです（『ニューヨーカー』誌、16年12月14日付）。

21世紀に入ってからはジャズ系のジャック・ディジョネット、ラリー・グレナディア、ジョン・メデスキ、ジョン・スコフィールドによるスーパー・グループ、カート・エリング、ビル・フリゼールらによるカヴァーが続いているのが目新しい動きです。レッド・ツェッペリンのファンには、ロバート・プラントが11年のバンド・オブ・ジョイのツアーでカヴァーしていたことも話題になりました。

軍産複合体に反対する「戦争の親玉」

もうひとつの重要曲は「戦争の親玉」です。この曲は62年10月のキューバ危機の後に書かれたと推定されています。メロディはイギリス民謡の「ノッタムン・タウン」からあまり変更を加えずに借りています。63年1月にフォーク・シティで初演され、翌月には『ブロードサイド』に歌詞が掲載されました。ジョージ・ハリスンによれば、『フリーホイーリン』が発売されたとき、ビートルズのメンバーは全員このアルバムを聞いたそうですが、そこでのこの曲のボブの弾き語りは、後にジョン・レノンの「労働者階級の英雄」にまちがいなく影響を与えています。

この歌では、戦争の陰で武器を作って大金を手にし、壁や机の後ろに隠れている人たちが痛烈きわまりない言葉で批判されています。はじめて聞いたときは、こんなに単純すぎていいのだろうかと思いました。理想や大義をかかげた戦争もあるのではないかと。しかしその後、ヴェトナム、ナイジェリア、コンゴ、アフガニスタン、スーダン、イラク、旧ユーゴ、ウクライナなど数多くの戦争の背景を知るにつれ、この歌の現実味はどんどん増してきました。この歌について彼はこう回想しています。

「これは戦争に反対する愛国歌であり、反戦歌ではありません。アイゼンハワー大統領が退任時の演説で言及していた軍産複合体（ＭＩＣ）に反対する歌なのです。その気運を感じて、歌にすくい上げたのです」（『ＵＳＡトゥデイ』01年9月10日付のインタヴュー）

軍産複合体については、日本でも語る人が増えてきましたが、アイゼンハワー大統領が61年1月17日に退任するとき、軍隊と兵器産業と国防総省などの結びつきが政治に与える影響の危険性を警告して使って知られるようになった言葉です。ボブがニューヨークに出てきたのは、その演説から1週間後の24日。ニューヨークのグリニッチ・ヴィレッジの人々の間では、何かと話題にのぼることの多い言葉だったはずです。

参考までに国防総省の統計をあげておきます。アメリカではこれだけの人とお金が軍需産業に直接関係しています。

１９６０年度　軍事支出４８１億ドル、ＧＤＰ比９・０％、軍需産業の雇用者２４６万人、国防総省の雇用者３５０万人

１９８８年度　軍事支出２９０４億ドル、ＧＤＰ比５・７％、軍需産業の雇用者３４

3万人、国防総省の雇用者322万人
2018年度　軍事支出6311億ドル（23年度予算は8580億ドル）、GDP比3・1%、軍需産業の雇用者不明（06年度が360万人）、国防総省の雇用者213万人、

世界銀行の20年の統計による武器輸出額国別ランキングは①アメリカ22②ロシア7③フランス5④ドイツ3⑤スペイン3⑥韓国2⑦イタリア2⑧中国2⑨オランダ1⑩イギリス1です（国名の後の数字はイギリスを1としたときの輸出額の倍率。四捨五入してあります。金額はアメリカが約94億ドルです）。

軍需産業のためにアメリカ議会に働きかけるロビイストの活躍はニュースなどでも広く報じられており、「戦争の親玉」がいまも60年代と変わらず、あるいはそれ以上に現実を反映している歌であることに異論の余地はありません。

エド・シーランもカヴァー

この歌の最後には、きわめて厳しい歌詞も登場します。武器商人に対して、お前が死

んだとわかるまで墓を監視してやる、などとうたわれているのです。70年代後半のパンク・ロック以降のセックス・ピストルズやザ・スミスの辛辣な歌でさえ青ざめそうな過激な歌詞です。この曲をいちはやくカヴァーしたのはジョーン・バエズと並ぶ人気フォーク歌手だったジュディ・コリンズですが、レコードではさすがにその部分を省いてうたっていました。

アルバム『フリーホイーリン』の解説には、この箇所はボブにとっても例外的な表現だったという発言が引用されています。「こんな歌はこれまで書いたことがありませんでした。人々の死を望む歌はうたわないのですが、この歌ではうたわずにはいられなかったのです。この歌はある意味では三振のようなというか、最悪の事態への反応というか、いったい何ができるんだろうという気持ちがありました」

時を経た90年に彼はニューヨーク州ウェスト・ポイントにある陸軍士官学校のアイゼンハワー・ホールでコンサートを行なっています。観客は士官候補生だけではなかったそうですが、60年代や70年代にはありえなかった会場設定です。「戦争の親玉」も演奏しましたが、さすがに最後のフレーズはうたわなかったようで、制服組の観客の反応は冷静だったとか。それでも「いつになれば砲弾が飛び交わなくなるのだろう」とうたわれる「風に吹かれて」はコーラスする人もいたと『ローリング・ストーン』誌（90年11月29日号）は報じています。このコンサートはイラク軍のクウェート侵略下に行なわれ、翌年1月には多国籍軍がイラクを空爆する湾岸戦争がはじまりました。

戦争のさなか、彼は91年にグラミー賞の功労賞を受賞し、式典でもこの曲をうたいました。セサール・ディアスの炸裂するギター・ソロを含む乗りのいい演奏は、時間が短いので、かなりの歌詞を省略して大幅にメロディを変えていましたが、このときは最後の部分をうたっていました。彼はまた94年に広島でもこの曲を久々にアコースティック・ギターで弾き語りしています。

この曲を聞いたことがない人は、13年にエド・シーランがカヴァーしたヴァージョンを聞いてみてください。当代きっての人気ポップ・シンガーがアコースティック・ギターで弾き語りしています。歌詞の対訳のついた映像もネットに上がっているので、この歌の訴求力の強さを追体験しやすいのではないかと思います。

第3章　1つの金字塔「ライク・ア・ローリング・ストーン」

一段と増した歌の深み

マーティン・スコセッシが監督したボブ・ディランの伝記ドキュメンタリー映画『ノー・ディレクション・ホーム』には、１９６５年12月にロサンゼルスで行なわれた記者会見の有名な場面が引用されています。

記者　あなたと同じような分野で活動している人、プロテスト・シンガーは何人いますか。つまり、音楽や歌をわれわれの暮らす社会への抗議に使っている人のことですが、戦争、犯罪などの問題に対して。

ボブ　あー。思うにだいたい……あー。136人かな。
記者　約136人ということですか。それとも正確に136人ですか。
ボブ　あー。136人かもしれないし、142人かもしれない。

序章で説明したように、65年といえば、ボブはすでにロックに舵を切っていましたが、いまだに彼のことをプロテスト・シンガーとみなして質問する記者をからかって彼はこんな答えをしているわけです。ビートルズがアメリカ初上陸時の記者会見で「いつ髪を切るのですか」と質問されて「昨日切ってきました」と答えて笑わせたような応答ぶりです。

64年ごろからボブは政治的、社会的な事件に深く関わる歌作りを止め、身近な人たちや自分の内面、人間関係を掘り下げた歌などをうたいはじめ、取材でもそれについて発言するようになります。その変化が、人間としてソングライターとしての成長の結果なのか、自分の歌のもてはやされ方への違和感ゆえだったのか、恋人のスーズ・ロトロと別れたからなのか、ケネディ大統領暗殺事件の影響だったのか、いろんな人がいろんな説を唱えていますが、本人にとってはプロテスト・ソングも思索的な歌も対象がちがうだけで心からの表現でした。「あの当時、ぼくはぼくだった。そして、いまもぼくはぼくなのだ」（『ボブ・ディラン自伝』P280）

直接のきっかけが何であれ、確かなのは彼の作る歌の深みが一段と増したことです。この時期には次々に彼の代表作が作られましたが、その中から「自由の鐘」「サブタレニアン・ホームシック・ブルース」「ミスター・タンブリン・マン」「ライク・ア・ローリング・ストーン」についてふれておきましょう。

ひとときの休息を願う「自由の鐘」

「自由の鐘」はボブ・ディランの歌作りが深化し始めたことを告げた最初の曲です。『アナザー・サイド・オブ・ボブ・ディラン』で64年8月に発表されましたが、2月ごろには部分的に出来上がって、コンサートでうたいはじめていました。前作『時代は変る』に社会的な事件や主題に関する曲が多く見られたのとは対照的に、その後すぐに作られたこの歌には具体的な出来事をうかがわせるものはありません。『アナザー・サイド・オブ・ボブ・ディラン』のレコーディング時に行なわれた『ニューヨーカー』誌12月発売号の取材で、彼はこんなことを語っていました。

「ここには〈指さす歌〉は入っていません。（中略）これからは自分の中から出てくるものを書くんです、10歳のころのような書き方に戻らなければなりません。すべてが自然に出てきたころに。歩いたりしゃべったりするように書きたいのです」（『Bob Dylan a Retrospective』P47）。歌詞には聖書、ウィリアム・ブレイクやアルチュール・ランボーの詩、シェイクスピア、ケネディ大統領の暗殺などの影響が見られると指摘されていますが、おおまかには、嵐の時代を生きなければならない人々にひとときの休息を願う歌と言っていいでしょう。

歌は、雷鳴と稲光を避けるために教会の建物に身をひそめた兵士や難民が自由の鐘のきらめきを見上げるところからはじまります。ボブが参照したと推測されるランボーの「教会に来る貧乏人」（中原中也訳）は、教会に身を寄せる貧者と教会の偽善を風刺した作品ですが、彼は「自由の鐘」の後半ではそれを逆転させ、投獄された無害で優しい魂の持主や、癒されない傷に苦しむ人々や、責められ、混乱し、ぞんざいに扱われ、衰弱する弱者に、慈しみに満ちた視線を寄せています。その優しさは「風に吹かれて」や「はげしい雨が降る」のころから一貫するものです。残念なことに、わかりやすいスローガンがないからという理由でボブを批判した指示待ち族の人には、彼の思いの変化や成長は伝わらなかったのですが。

この曲は、グリニッチ・ヴィレッジのフォーク・シンガーの先輩デイヴ・ヴァン・ロンクの祖母のお気に入りだった「ザ・チャイムス・オブ・トリニティ」を借用したとも指摘されています。19世紀末に作られたアイリッシュ・フォーク的なその曲からボブは「鐘を打つ」というくりかえしの部分もそのまま借用していますが、リズムを３拍子系に変え、歌詞も別次元のものに作り変えていました。

ボブはこの曲を93年のビル・クリントン大統領就任の式典でメロディを大幅に変えてうたっていました。ネットではロック・ファンの大統領が客席で大喜びしている映像も見られます。

「サブタレニアン・ホームシック・ブルース」

「サブタレニアン・ホームシック・ブルース」は65年1月にレコーディングされ、3月に発売され、39位でしたが、彼自身のレコードでは、はじめてトップ40入りした曲です。まずファンを驚かせたのはこの曲で彼がエレクトリック・ギターやドラムの騒々しい演奏をしたがえてうたっていたことでした。演奏に参加したのはギターを弾きながらうたった彼の他、ブルース・ラングホーン（ギター）、ジョン・ハモンド・ジュニア（ギター）、フランク・オウエンス（エレクトリック・ピアノ）、ジョン・セバスチャンもしくはジョン・ブーン（ベース）、ボビー・グレッグ（ドラム）という顔ぶれです。

「サブタレニアン・ホームシック・ブルース」がボブの最初のロック作品と思われがちですが、実は彼が電気楽器を使った曲をレコーディングしたのは、これがはじめてではありません。62年11月にシングルで発表された「ゴチャマゼの混乱」は、バンドを入れたロカビリー風のロック・ナンバーでした。演奏者にモダン・ジャズ系の人が多かったのは、プロデューサーのジョン・ハモンドの人脈でしょう。切れ味のいい演奏ですが、ボブの声は完全には溶け合っておらず、混乱した気持ちをコミカルに描いたこの曲は当時まったく話題にならずに終わりました。ハモンドの発案だったと言われていますが、完全弾き語りだったデビュー・アルバムの後、いきなりこのシングルが企画され、発表された理由は謎のままです。

このシングルのB面にもバンドと一緒の「コリーナ・コリーナ」が収録されました。こちらは8分の6拍子のバラード調のブルースで、別ヴァージョンがアルバム『フリーホイーリン』に収録されています。シングルはほとんど売れませんでしたから、アルバムに収録されてはじめて聞いた人が多かったと思われますが、カントリー・ブルースとして古くから知られている曲のカヴァーだったので、準伝承曲とみなされたのか、当時フォーク・ファンが電気楽器の演奏に目くじらをたてた形跡はありません。

ヴィデオ・クリップの元祖的作品

「サブタレニアン・ホームシック・ブルース」に話を戻すと、この曲はチャック・ベリーの「トゥー・マッチ・モンキー・ビジネス」のリズムを引用して作られていました。ヒット・チャートを上がるようなロックは商業的に生産される子供だましの音楽だと思っていたフォーク・ファンは、このロックンロール・サウンドにいっせいに非難を浴びせました。この時点では「風に吹かれて」や「時代は変わる」を生ギターで弾き語るボブこそ「本物」というイメージが広まっていたからです。しかし彼にしてみれば、エレクトリック・ギターを手にしても、社会的な事件を弾き語りしていたときと、テーマや表現方法がちがうだけで、表現したいことを自然に追求していたことに変わりはありません。「サブタレニアン・ホームシック・ブルース」でうたわれていた歌詞は、子供だましどころか、高速で上演される不条理演劇の台詞のような斬新なものでした。

歌は、ジョニーは地下室で薬品を混ぜ、おれは舗道で政府のことを考えているというフレーズからはじまります。以下、海外で戦争し、国内で人種差別を放置しながら繁栄する国の都市の地下生活者が、混乱した世相に反応して右往左往する描写が続きます。リーダーに従うなという反抗的な言葉も出てきますが、次々と展開する場面はどちらかといえば現代社会を風刺するスラップスティック・コメディです。チャック・ベリーの「トゥー・マッチ・モンキー・ビジネス」も世相を皮肉った歌でしたが、「サブタレニアン……」ではグリニッチ・ヴィレッジをめまぐるしく飛び交う情報や噂が多角的に観察されています。20年も学校で学んだのに日雇い仕事かよ、というフレーズなど、まるでいまのフリーターに向けられた言葉のようです。

この歌詞には50年代にグリニッチ・ヴィレッジを駆け抜けたビート世代の文学からの影響があると言われています。『路上』で知られる小説家ジャック・ケルアックに『地下街の人びと（サブタレニアンズ）』という作品がありますが、それはロシアの小説家ドストエフスキーの『地下生活者の手記』に刺激されて書かれたものでした。歌詞に直接関わったわけではありませんが、ボブと知り合っていたビート詩人のアレン・ギンズバーグはロンドンのサヴォイ・ホテル脇の路上で撮影されたこの曲の宣伝用の映像作品に登場し、歌詞を書いたカードを紙芝居のようにめくっていくボブの後ろで誰かと立ち話をしています。この映像は、いまではヴィデオ・クリップの元祖的な存在と言われています。また、めまぐるしい語りのような歌をラップ・ポエムのプロトタイプだとみなす人もいます。

60年代から70年代にかけて活動したアメリカの過激派集団ウェザーマンの名前が、風向きを知るのに気象予報士はいらないというこの歌のフレーズからとられたのは有名な話です。後にイギリスのロック・バンド、チャンバワンバはこの曲の歌詞から「ギヴ・ザ・アナーキスト・ア・シガレット」を曲のタイトルに借り、レディオヘッドは「サブタレニアン・ホームシック・エイリアン」という曲を作っています。

「ミスター・タンブリン・マン」

64年2月のツアーの途中、ボブはニューオーリンズでマルディグラを体験した後、「ミスター・タンブリン・マン」を書きはじめました。このツアーは彼の転換点をなす重要な旅だったようで、先にあげた「自由の鐘」も同じ時に作りはじめています。タンブリン・マンが誰で、何をしようとしているのかをめぐっては諸説ありますが、ボブによれば、フェデリコ・フェリーニ監督のイタリア映画の名作『道』を見て、主人公がトランペットとタンブリンを演奏していたことが念頭にあったそうです。ニューヨークに出てきたころ彼は芸術映画専門館に足を運んでいました。「フランス映画、イタリア映画、ドイツ映画。ヴィレッジには外国映画が似合っていた。（中略）わたしはそこでイタリアのフェリーニの映画を二本見た——ひとつは『道』、もうひとつは『甘い生活』」

（『ボブ・ディラン自伝』Ｐ67）

彼はまた、レコーディング・スタジオで大きなタンバリンを持っていたブルース・ラングホーンを見て思いついたとも言っています。その楽器は西アジアや北アフリカでよく使われる大型の片面太鼓でした。ただしその話を聞いたブルースは「ボブは素晴らしいユーモアの精神の持ち主だからねえ」と、ジョークである可能性をほのめかしています（『Bob Dylan All the Songs』Ｐ１６８）。

いずれにせよそれはきっかけでしかなく、この歌に描かれる途方もなく豊かなイメージは、人気が急上昇して過密スケジュールに追われながらも、グリニッチ・ヴィレッジに集まる多様な人々とその文化に出会って彼が培ってきたものが解き放たれ、奔流のようにほとばしり出てきたことを感じさせます。

友だちが持っていたレコードでこの曲の歌詞を見たときの衝撃をぼくはいまだに忘れられません。現代詩がそのまま親しみやすい歌になっているようだったからです。ウディ・ガスリーの「ジス・ランド・イズ・ユア・ランド」の主人公は、ダイアモンドの砂漠のきらめく砂の上を旅していました。「ミスター・タンブリン・マン」の主人公はそれを踏まえて、ダイアモンドの空の下、浜辺でサーカスの砂に囲まれて踊っていました。その姿は、まるでフェリーニの映画『8½』の登場人物のようでした。この歌の多幸感は、感覚的にはランボーの「酔いどれ船」と共通すると指摘している人もいます（『ハーバード大学のボブ・ディラン講義』P156）。

レコーディングには時間がかかっており、64年6月にランブリン・ジャック・エリオットとのレコーディングやピアノ・ヴァージョンを試みたものの、それらは使われず、最終的には65年1月の弾き語りにブルース・ラングホーンのギターを加えたものがアルバム『ブリンギング・イット・オール・バック・ホーム』に収録され、3月22日に発売されています。

この歌を有名にしたのは「風に吹かれて」のときと同じく、ボブ自身ではありませんでした。ロサンゼルスのグループ、ザ・バーズが取り上げてロック風にアレンジしたものが4月に発表され、6月に全米1位になったのです。ビートルズに刺激されてビートを変え、12弦ギターの繊細なサウンドとコーラスをつけた彼らのヴァージョンは、フォーク・ロックと呼ばれました。

バリー・マクガイア、ソニー&シェール、タートルズなどがそれに続き、65年から66年にかけてはフォーク・ロックはブームを巻き起こします。そして当時のザ・バーズの一連の作品は、先行していたビーチ・ボーイズの作品ともども、60年代から70年代にかけてのロサンゼルスのロックのスタイルの雛型になっていきます。

ロック史上最重要曲の1つ

その後に「ライク・ア・ローリング・ストーン」が続きました。彼の音楽が完全にロック化したことを告げた曲です。この曲は、ロック・ジャーナリズムでは、史上最も重要な曲のひとつに選ばれ続けてきました。たとえば『ローリング・ストーン』誌の「歴代最高の500曲」が04年と10年に発表されたときは1位でした。21年の改訂版では順位が下がりましたが、それでも4位にあげられています。

この曲に衝撃を受けたのはジャーナリストだけではありません。ボブがロックの殿堂入りしたときのブルース・スプリングスティーンの祝辞を序章に引用しましたが、その後にこんな言葉が続いていました。

「彼の洞察力と才能は、全世界が内包できるところまでポップ・ソングの枠を広げました。ポップ・シンガーの新しい聞こえ方を発明しました。レコーディング・アーティストが達成してきた限界を打ち破り、ロックンロールの形を永遠に変えました」(『Bob Dylan All the Songs』P188〜189)

ポール・マッカートニーはもう少しわかりやすい言葉でジョン・レノンと一緒にこの曲を聞いた日の印象を回想しています。

「永遠に終わらない曲のように思えました。ただひたすら素晴らしかった。彼はわれわれみんなに、もう少し遠くまで行けるんだと教えてくれました」(『Bob Dylan All the Songs』P188)

あふれる批判の中で

彼がエレクトリック・ギターを手にしたのは、表現したいことを自然に追求していった結果でした。しかし本人は新しい世界に入りこんでも、ファンは必ずしもそうではありませんでした。65年4月から5月にかけてのイギリス・ツアーで、彼は相変わらずアコースティック・ギターを手に舞台に立っていました。演奏したのは『アナザー・サイド・オブ・ボブ・ディラン』以降の作品が中心でしたが、ファンが望んだのは初期の作品で、電気楽器を使った彼のレコードを批判する声があらゆるところから聞こえてきました。自然でありたいと思っている彼にとって、それは消耗するツアーで、歌が自分の中で形骸化していくのを感じながら意にそわないやっつけ仕事をしている自分に幻滅してニューヨークに戻ってきました。その時期に生まれたのが「ライク・ア・ローリング・ストーン」でした。

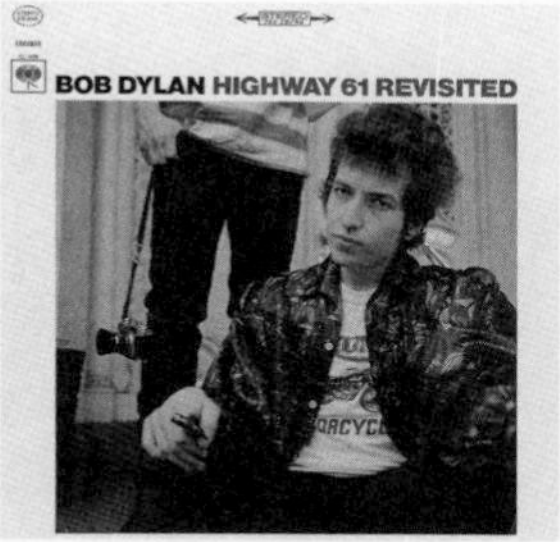
『追憶のハイウェイ61』（1965年）

この曲は65年7月20日にシングルで発売され、8月30日発売のアルバム『追憶のハイウェイ61』に収録されました。全米チャートでは、9月4日と11日に『ビルボード』の2位まで上がりましたが、1位に上がるのを阻んだのはどちらもビートルズの「ヘルプ！」でした。

レコーディングは6月15日と16日にニューヨークのコロンビア・レコードのスタジオで行なわれています。15日にはテイク5までやって完成せず、続きが16日に持ち越され、テイク15まで演奏して、その中からテイク4が採用されました。『ブートレッグ・シリーズVOL.12』にはすべてのテイクが収録されていますが、15日のこの曲は、なんと3拍子で演奏されています。16日に4拍子でやり直したのです。

アルバムのクレジットには、ボブ・ディラン（ギター、ハーモニカ、ピアノ、ポリス・カー）の他、マイク・ブルームフィールド（ギター）、ポール・グリフィン（ピアノ）、アラン・クーパー（オルガン）、ハーヴィ・ブルックス（ベース）、ボビー・グレッグ（ドラム）、ハーヴィ・ゴルードスタイン（ベース）、ラス・サヴァカス（ベース）、チャーリー・マッコイ（ギター）、フランク・オウエンス（ピアノ）、ブルース・ラングホーン（タンバリン）と記入されています。

曲ごとの担当詳細は記載されていませんが、『ブートレッグ・シリーズVOL.12』の解説ブックレットによれば、採用されたテイクではボブ、マイク、ポール、アラン、ボビー、ブルースが参加。ベースは15日に参加していたジョセフ・マチョ・ジュニアが弾いています（彼の名はアルバムには記載されていません）。

16日、アラン・クーパーことアル・クーパーは、プロデューサーにスタジオ見学を許されていました。そしてポールがオルガンからピアノに楽器を変えたとき、こっそりオルガンの席についてレコーディングに参加してしまいました。プロデューサーは彼の音を消そうとしましたが、ボブが気に入って、オルガンの音を上げよう、と言ったので残されたのです。初日にレコーディングが終わっていたら、この曲のこのオルガンもなかったわけです。感激した21歳のアルは、帰りにボブから電話番号をたずねられたとき、ブリジット・バルドーからホテルの部屋の鍵をちょうだいと言われたような気がしたと書いています（『Backstage Pass』P55〜56）。

この曲のリズムは、リッチー・ヴァレンスの「ラ・バンバ」を意識したとボブが語っています。リッチーは59年にバディ・ホリーと共に飛行機事故で亡くなったメキシコ系ロックンローラーです。『ブートレッグ・シリーズ VOL.12』のピアノとベースのマスター・テイクを聞くと、「ラ・バンバ」との関係がさらによくわかります。ちなみに65年11月にヒットしたローリング・ストーンズの「一人ぼっちの世界」も同系統のリズムです。

「どんな気持ちがする?」

曲はボビー・グレッグが叩くドラムの力強い音からはじまります。ブルース・スプリングスティーンが前記の発言のとき「誰かが心のドアを蹴破って入ってくるようなスネア・ドラムの一撃」と形容していましたが、たしかに、大音量で聞くと、一気に曲に引きこむ力のある衝撃的なはじまりです。

タンブリン、オルガン、ピアノ、ベース、リズム・ギターが加わった前奏の中に「ワンス・アポン・ア・タイム……」というボブの歌が入ってきます。おとぎ話で使われる「昔々」という言葉ですから、彼はこの歌を寓話的なものとして聞かれることを狙っているのでしょう。

しかし続いてはじまるのは、「昔々」の話ではなく近過去の出来事のように思えます。「昔々」の話なら、歌の主人公が「きみ」あるいは「あなた」にはなりません。いきなり聞き手に挑んでくるようなそのずれの意外性も聞き手を驚かせたにちがいありません。「きみ」と呼ばれるこの歌の主人公は、かつてはきれいに着飾って豪勢な暮らしを送っていましたが、いまは落ちぶれて食事にも事欠くありさまです。2番ではその主人公は「ミス・ロンリー」と呼ばれ、きみの通っていた最高の学校では路上暮らしの方法を教えてくれなかったから、いまから慣れないといけないと語られます。3番では一緒に遊び歩いた取り巻きたちの欺きに主人公がようやく気付いたことが語られます。4番では成功者たちの光景を横目でみながら、落ちぶれた状況を受け入れなければならない現実が語られます。そしてそのたびに、ひとりぼっちで、家に帰る道がなく、誰にも知られず、転がる石のような主人公に「どんな気持ちがする？」という問いがくりかえされます。

ローリング・ストーンという言葉は、当時はローリング・ストーンズがブルース歌手マディ・ウォーターズの曲「ローリン・ストーン」や歌詞に出てくる言葉をグループ名に引用したことでおなじみでした。転石苔を生ぜず、というイギリスのことわざは、否定的に使われることが多いですが、アメリカでは時代に取り残されないという意味で肯定的に使われることもあります。ローリング・ストーンズの場合は中産階級のお坊ちゃんバンドが、俺たち根無し草と粋がってつけた気持ちもあったでしょう。

ボブが影響を受けたカントリー歌手ハンク・ウィリアムスの「ロスト・ハイウェイ」は、俺はローリング・ストーン、罪な暮らしをして代償を払い、一人道に迷っている……とはじまり、若者たちに同じ轍を踏まないようにという教訓を垂れて終わります。

享楽にふけって周囲からもてはやされていた人物が、時の流れと共に落ちぶれて見向きもされなくなる話は、教訓物語や寓話でよく描かれてきました。たとえばアリとキリギリスのイソップ童話はそのヴァリエイションでしょうか。しかしロックでこのような歌の前例はありません。

カルロス・ガルデルのアルゼンチン・タンゴに「五分と五分」という曲があります。そこでは落ちぶれたのは主人公の男で、いまは金持ちと遊び暮らすかつての恋人に、捨てられたら、いつでも戻っておいでと、未練がましい強がりを言っています。この歌には大人の優しさが残っています。それに比べると「ライク・ア・ローリング・ストーン」の歌詞は、辛辣です。しかも、平均2分から3分だった当時のヒット曲の常識とちがって、皮肉にみちた重い歌声と緊張感のある演奏が6分間も執拗に続くのです。同じ週の1位だったビートルズの「ヘルプ!」の、落ち込んでいるぼくを助けてほしいという願いとくらべれば、桁ちがいに複雑な世界観でした。ポール・マッカートニーがこの曲を聞いて、音楽でもう少し遠くまで行っていいんだと感じたのも納得です。

「ライク・ア・ローリング・ストーン」というくり返しの歌詞は、すでに書いたように、いろいろなイメージをかきたてる言葉ですが、発表当時、彼自身が取材で憎悪や復讐という言葉を使ったため、誰に向けてうたっているのかとモデル探しがはじまり、周囲のさまざまな人物の名前がうわさにのぼりました。彼はプロテスト・ソングに戻るべきだと批判した人たちは、自分たちに悪意が向けられているような気がしたかもしれません。アンソニー・スカデュトが伝記本の『ボブ・ディラン』をまとめるにあたって71年にインタヴューしたとき、ボブはアルバム『アナザー・サイド・オブ・ボブ・ディラン』の彼の歌の辛辣さは自分に向けたものだと語っていましたが、この歌もそれは変わらないように思われました。（『The Dylan Tapes』Ｐ３９２）

１９６５年に何が起こったか

しかしそれも「昔々」のこと。いま聞くと、この歌は彼自身を含めて社会全体に向けた警告の寓話に聞こえます。かつてアメリカを旅したとき、カフェのジュークボックスなどでこの歌が流れてくると、店の雰囲気が少し神妙になる気がしたものです。いまも街でこの歌が流れてくると、空気が変わるような気がするのはぼくだけでしょうか。

レコーディングに参加していたアル・クーパーはこう語っています。

「ライク・ア・ローリング・ストーン」は時間を超越した歌のひとつだと思う。ほかに思いつくのは「グッド・ヴァイブレーション」だ。（中略）「ハートブレイク・ホテル」もそうだ。そういう歌には、それまでのものにはない独特のものが表現されている。それが伝わるから、時間を超越した歌になる。すばらしいことだ。（『ライク・ア・ローリング・ストーン』P226）

ともあれ、この曲がどんな状況に取り囲まれて聞かれていたのかを推測しやすくするために、65年の出来事を簡単にまとめておきましょう。

64年12月11日にサム・クックがロサンゼルスのサウスセントラルのモーテルで女主人に射殺され、65年1月に彼の「ア・チェンジ・イズ・ゴナ・カム」がヒットしてきます。

これはボブの「風に吹かれて」のアンサー・ソングとして書かれた曲です。

1月14日ボブが「サブタレニアン・ホームシック・ブルース」をロック・バンド編成でレコーディング。翌日には「ミスター・タンブリン・マン」を弾き語りでレコーディング。

２月21日に黒人運動指導者のマルコム・Xがニューヨークで暗殺されます。米軍初の北爆（北ヴェトナムに対する空爆）。

３月８日「サブタレニアン・ホームシック・ブルース」発売。22日『ブリンギング・イット・オール・バック・ホーム』発売。26日から米軍が大規模な北爆をはじめ、以後、ヴェトナム戦争の泥沼化が進みます。

４月30日から５月10日までボブのイギリス・ソロ・コンサート・ツアー。ロックに転じたボブを批判する空気を感じて消耗して戻り、コンサートをやめたいと考えはじめました。

６月16日にボブは「ライク・ア・ローリング・ストーン」をレコーディングします。26日にはザ・バーズがロック・アレンジで取り上げた「ミスター・タンブリン・マン」

が全米1位に。

7月は若者の不満をぶちまけたローリング・ストーンズの「サティスファクション」がずっと全米1位でした。ミック・ジャガーは「疎外感という時代の空気をとらえていたのだろう」と回想しています。20日「ライク・ア・ローリング・ストーン」発売。その5日後の25日にニューポート・フォーク・フェスティヴァルで、ボブはエレキ・ギターでこの曲を演奏して大騒ぎになります。

8月6日にはジョンソン大統領が投票権法に署名しました。これは公民権運動の大きな成果のひとつでしたが、8月11日から17日までロサンゼルスの黒人居住区で大暴動が起こって州兵が出動。34人が亡くなり、約4000名が逮捕されました。この事件はその後何年もアメリカの大都市で夏に続いて起こった暴動「暑くて長い夏」のはじまりでした。ボブは28日にニューヨークのフォレスト・ヒル・テニス・スタジアムでコンサートを行ない、前半は一人で弾き語りしました。後半のバンド演奏の間はブーイングが続きましたが、最後の「ライク・ア・ローリング・ストーン」では、コーラスを合唱する新しいファンの声でかき消されました。彼は翌月もカーネギー・ホールで公演しています。

9月4日「ライク・ア・ローリング・ストーン」全米2位に。

10月5日『ブロンド・オン・ブロンド』収録曲のレコーディング開始。これは66年の春まで断続的に続きます。

11月22日 ボブ、サラ・ラウンズと結婚。

12月4日 ザ・バーズの「ターン・ターン・ターン」全米1位に。ピート・シーガーが聖書の物語を借りて作った作品のカヴァーです。何事にも季節がある……引き裂くとき、縫い合わせるとき、沈黙の時、語る時、愛の時、憎しみのとき、戦争のとき、平和のとき、という歌詞で締めくくられるこの歌は、当時は激化するヴェトナム戦争に対する平和の祈りの歌として聞かれていました。ケネディ大統領時代に600人の軍事顧問団が戦争に介入しはじめた米軍ですが、65年末には派遣された地上軍が18万人に達し、この年の戦死者は約2000人でした。

第4章　ブルース・シンガーとしてのボブ・ディラン

最初の録音はベラフォンテ作品？

ブルース・シンガーとしてのボブ・ディランという話をすると、たいていの場合、けげんな顔をされます。

ボブ・ディランはフォーク・シンガー、もしくは1960年代にロックの革命を起こしたアーティスト、と認識している人が多いからです。たしかにイメージはそうでしょう。

しかし彼のレコードを聞けば、ブルースがフォークやロックと同じくらい彼の音楽の重要な要素であることがわかります。

たとえばボブ・ディランはコロンビアからのデビュー・アルバム（61年11月20日、22日録音）の前後に何度かハーモニカ奏者として商業用レコーディングを体験していますが、その半分以上はブルースでした。

世間ではハリー・ベラフォンテのアルバム『ミッドナイト・スペシャル』がボブにとって最初の録音だったという話が長い間流布していました。『ボブ・ディラン自伝』でボブも、これが最初の商業用レコーディングだった、自分の録音よりはっきり覚えていると書いています。しかしいまではRCAの調査で『ミッドナイト・スペシャル』は62年2月2日の録音だったことがわかっています。それだと彼のデビュー・アルバムより後の録音です。

単なる記憶ちがいなのか、尊敬する歌手のためにボブがあえてそう書いたのか。いずれにせよ彼がハーモニカを吹いたのは『ミッドナイト・スペシャル』のタイトル曲で、これはレッドベリーをはじめ無数のブルースメンやフォーク歌手にうたわれてきた伝承曲です。

「バナナ・ボート・ソング」のヒットで知られるハリー・ベラフォンテは幅広いレパー

トリーを持つ歌手／俳優で、60年代初頭には誰もが知っている大スターでしたから、彼の録音に参加できるのは、ほとんど無名のボブにとっては大事件だったはずです。しかしベラフォンテの完璧主義によって何度もハーモニカを吹かされたボブが、それに凝りて録音参加は1曲で終わったという伝説があります。

ビッグ・ジョー・ウィリアムス

他の参加作品はコロンビア・レコードのフォーク歌手キャロリン・ヘスターのアルバム『キャロリン・ヘスター』（61年9月29日）とブルースの巨人ビッグ・ジョー・ウィリアムスやヴィクトリア・スパイヴィとのセッション（62年3月2日）です。発売はボブのデビュー作が62年3月19日、ベラフォンテが62年4月、キャロリン・ヘスターが62年5月。ビッグ・ジョーたちとのセッションの一部は64年です。

キャロリン・ヘスターは主に伝承歌を可憐な歌声でうたって人気の歌手でしたが、ボブとフォーク・クラブで知り合い、ハーモニカを吹いてもらうことになったのです。『キャロリン・ヘスター』でのボブは3曲でハーモニカを吹いていますが、そのうちの

1曲「カム・バック、ベイビー」はボブが彼女に教えたブルースです。

ブルースの巨人ビッグ・ジョー・ウィリアムスとの録音は、次のようないきさつで実現しました。61年の9月中旬、フォーク・シティにヴィクトリア・スパイヴィとロニー・ジョンソンが出演。ヴィクトリアは20年代から歌手／女優として活動していたブルース・シンガーですが、フォーク・ソング・リヴァイヴァルの波の中で再注目され、フォーク・シティに招かれたのです。ロニー・ジョンソンはブルースとジャズの両分野で活躍し、洗練された演奏で注目された名歌手／ギタリスト。少年時代のビートルズのメンバーに多大な影響を与えたスキッフル音楽のロニー・ドネガンのロニーは、この人にちなんでつけられた芸名です。

フォーク・シティにはビッグ・ジョー・ウィリアムスも現われて、彼らと顔見知りになったボブはセッションを楽しみ、ヴィクトリアに気に入られ、彼女のレーベルでのレコーディングに参加できたのです。そのとき撮影された彼女との写真はボブの70年の『新しい夜明け』のジャケットの裏に使われています。そのセッションでレコーディングされたビッグ・ジョーの「シッティング・オン・トップ・オブ・ザ・ワールド」やヴィクトリアの「イッツ・デインジャラス」などで聞けるハーモニカの演奏は、自分のレコードで吹くときよりはるかにブルース的です。
ついでにつけ加えておくと、「シッティング・オン・トップ・オブ・ザ・ワールド」は黒人グループ、ミシシッピ・シークスの30年代の曲で、ボブは92年の『グッド・アズ・アイ・ビーン・トゥ・ユー』で取り上げています。同系統のメロディの曲には、レヴァレンド・ゲイリー・デイヴィスやミシシッピ・フレッド・マクダウェルで知られる「ユーヴ・ガッタ・ムーヴ」があり、こちらはローリング・ストーンズのアルバム『スティッキー・フィンガーズ』の演奏でロック・ファンに知られるようになりました。

「朝日のあたる家」

62年3月に発表された彼のデビュー・アルバム『ボブ・ディラン』も観ておきましょう。細かな話になりますが、このアルバムの13の収録曲中2曲が彼のオリジナル、残りの11曲が古くから伝わる曲です。そのうち「いつも悲しむ男」「プリティ・ペギー・オウ」「朝日のあたる家」「貨物列車のブルース（フレイト・トレイン・ブルース）」は主に白人にうたわれていました。

「いつも悲しむ男」はアパラチア山地に伝わる民謡です。50年代にはカントリー系のスタンリー・ブラザーズの歌でよく知られていました。21世紀に入ってから映画『オー・ブラザー！』の主題歌に使われ、グラミー賞を受賞したのを覚えている人もいるでしょう。

「プリティ・ペギー・オウ」はスコットランド民謡「ザ・ボニー・ラス・オウ・ファイヴィ」がアメリカに伝わったもので、ニューヨークのフォーク界ではクランシー・ブラザーズの歌で知られていました。ボブ以降も、ジョーン・バエズ、サイモン&ガーファンクル、グレイトフル・デッドなど数多くの人が取り上げています。

「朝日のあたる家」は起源不詳ですが、アパラチア山地に伝わっていた民謡とされ、クラレンス・トム・アシュリーやジョーン・バエズら主に白人のフォークやカントリー系の歌手にうたわれていました。しかしジョシュ・ホワイトやレッドベリーらブルース系のシンガーも20世紀前半にレコーディングしています。ロック・ファンにはイギリスのアニマルズが64年に全米1位にしたヴァージョンが有名です。ボブは彼らのヴァージョンを聞いて大いに喜んだそうです。この曲は「ライジング・サン・ブルース」というタイトルでも演奏されています。

「貨物列車のブルース」は、タイトルにブルースとありますが、カントリーの定番曲で30年代にレッド・フォーリーやロイ・エイカフがヒットさせました。ボブの歌はロイ・エイカフのヴァージョンを参考にしています。ブルース・シンガーがよくうたう「フレイト・トレイン・ブルース」という曲もありますが、それは同名異曲です。

デビュー・アルバムの過半が黒人音楽

『ボブ・ディラン』の残りの7曲は、黒人アーティストの作品です。フォーク・シンガーのデビュー・アルバムの過半数が黒人音楽という事実の前では、〈フォーク＝白人中心の音楽〉〈アコースティック・ギターの弾き語り＝フォーク・ソング〉という思いこみが揺らぎます。以下がその7曲です。

「彼女はよくないよ」はジェシー・フラー作と書かれています。フィービ・スノウ、ポール・マッカートニー、エリック・クラプトンらが取り上げた「サンフランシスコ・ベイ・ブルース」はご存じの方も多いでしょう。ジェシーはその作者です。一人で多数の楽器を操るワン・マン・バンド・スタイルの演奏を得意としていた彼は、首にかけるハーモニカ・ホルダーを直接ボブに教えた人物とされています。「彼女はよくないよ」の原曲は女性に翻弄される男の歌「ユア・ノー・グッド」ですが、ジェシーのラグタイム風のポップな歌とちがって、ボブはせっかちなテンポで、メロディも歌詞も大幅に変え、ブルース風のざらついた声でうたっています。

「連れてってよ」もラグタイム風の曲で、ボブは前奏を弾きながら「エリック・フォン・シュミットからこの曲を教わった」としゃべっています。エリックが教えたのはレヴァレンド・ゲイリー・デイヴィスの「ベイビー、レット・ミー・レイ・イット・オン・ユー」でした。この曲は「ドント・ティア・マイ・クローズ」というタイトルで、オールド・タイム・ジャズやジャグ・バンド風に演奏されることが多かった曲です。

「ゴスペル・プラウ」はタイトルから推測できるように、黒人霊歌／ゴスペル曲です。足につける鎖のひとつひとつに聖人の名前をつけてうたっているので、起源は囚人の労働歌と思われます。60年代初頭にはクララ・ウォード&ハー・シンガーズのレコードが知られていました。ジャズ・ファンには、マヘリア・ジャクソンとデューク・エリントンによるニューポート・ジャズ・フェスティヴァルでのライヴがおなじみです。フォークではオデッタやピート・シーガーもうたっていました。出てくる歌詞をとって「ホールド・オン」「キープ・ユア・ハンド・オン・ザ・プラウ」というタイトルで呼ばれることもあります。

以上3曲は、あえてブルースと区別しましたが、これらも広義のブルースとみなす人もいます。

黒人霊歌

残る4曲「死にかけて」「死をみつめて」「ハイウェイ51」「僕の墓をきれいにして」はブルースとして伝わる曲です。「ハイウェイ51」以外は、聖書の中の物語をもとにした作品で、「ゴスペル・プラウ」も加えると、アルバムの約3分の1が黒人霊歌にルーツを持つ曲ということになります。

「死にかけて」はハード・ロック・ファンにはレッド・ツェッペリンの演奏で知られていますが、20年代からさまざまなブルースメンがレコーディングしてきた曲です。ボブが誰のヴァージョンを参照したのかはわかりませんが、スライド・ギターを弾きながらうたっています。英文のライナー・ノーツにはスタジオにいた恋人スーズ・ロトロの口紅をスライド・バーの代わりに使って録音したとありますが、スーズの自伝によれば、口紅は使っていなかったのでレポーターの脚色とのことです。

「死をみつめて」はブッカ・ホワイトのレコードが原曲。ボブはその中から、死にかけている主人公が、やがて埋められる土地を眺めながら、残される子供たちのことが心配だと嘆く部分を取りあげ、残りは別の歌詞をつけてうたっています。どう考えても20歳の若者がうたう歌ではないような気がしますが、なぜかこのアルバムには死にまつわるブルースやゴスペルが多く含まれています。

「僕の墓をきれいにして」は「ワン・カインド・フェイヴァー」というタイトルでも知られ、ブラインド・レモン・ジェファーソンやライトニン・ホプキンスがレコーディングしてきました。ボブ以降にも、グレイトフル・デッドやルー・リードやメイヴィス・

ステイプルズが取り上げています。苦労続きの一生を送った主人公が、せめて墓ぐらいはきれいにしておいてほしいと神様にお願いする歌です。「ハイウェイ51」はピアノ・ブルースマンのカーティス・ジョーンズ作と書かれていますが、ボブが参考にしたのはトミー・マクレナンの「ニュー・ハイウェイ・ナンバー51」で、カーティスの歌とはずいぶんちがうものです。ボブはエヴァリー・ブラザースの「バイ・バイ・ラヴ」や「起きろよスージー」の前奏のリズムを加速したようにギターをかき鳴らしながら声を張り上げてうたっています。

エヴァリー・ブラザースはナッシュヴィルのカントリー音楽界からデビューした人気ロックンロール・デュオで、彼らの歌はビートルズのジョンとポールのコーラスに大きな影響を与えました。前奏の特徴的なギター・リフはドン・エヴァリーが好きだったシカゴの黒人ロックンローラー、ボ・ディドリーの演奏を意識したもので、エヴァリー・ブラザースのレコードではチェット・アトキンスがギターを弾いています。

というわけで、デビュー作『ボブ・ディラン』の収録曲は約3分の1がブルースメンのレパートリーのカヴァーだったり、ブルース風の歌声でうたわれているのです。「貨物列車のブルース」など、タイトルだけブルースの曲も入れるとさらに2曲増えます。

ブルースはいまでは、同じフレーズを2度くりかえして別のフレーズでうける12小節AABパターンの定型、歌とギターやピアノが対話するように交互に出てくる奏法、メロディにはブルーノート音階が使われる、といった特徴を持つ音楽と思われています。

しかしボブが取り上げた古いブルースは、必ずしもそうではありません。30年代まで、アメリカ南部では、貧しい黒人と貧しい白人の音楽は少なからず共通の土台の上で作られていました。古いブルースとカントリーやフォークの間には、アコースティック・ギターの弾き語りという表面的なスタイル以上に、音楽的に重なる部分があります。同じ曲でも歌詞や旋律のちがいが珍しくなく、著作権の及ばない社会では音楽は誰もが使える共有財産でした。たとえばこれは後年のレコーディングですが、グレイトフル・デッドが演奏した「僕の墓をきれいにして」には「朝日のあたる家」そっくりのメロディが出てきたりします。

デビュー・アルバムのボブが、すでに流布しているヴァージョンをすべて大幅に変えてうたっているのも、伝承曲のひそみに倣ったと言えるでしょう。「僕の墓をきれいにして」にいたっては、ブラインド・レモンの歌がカントリーに、ボブの歌がブルースに聞こえるくらいです。ただし例外もあって、「朝日のあたる家」では、ボブは先輩フォーク歌手デイヴ・ヴァン・ロンクのアレンジを無断借用してデイヴを怒らせています。

レコーディングの提案

ボブ・ディランの黒人音楽への関心は、特殊なものだったわけではありません。フォーク・ソング・リヴァイヴァルに大きく貢献したニューポート・フォーク・フェスティヴァルには、最初の59年からブルース系のブラウニー・マギー&ソニー・テリーが参加していましたが、それはアコースティック・ギターでうたわれる黒人のカントリー・ブルースもフォーク・ソングの一種とみなされていたことを物語っています。63年以降もミシシッピ・ジョン・ハート、ジョン・リー・フッカー、ジェシー・フラー、レヴァレンド・ゲイリー・デイヴィス、ブッカ・ホワイト、サン・ハウスらが出演しています。

しかしボブがデビューした時点でブルースをレパートリーにする白人のフォーク・シンガーはまだ多くありませんでした。白人の若者たちの間でブルースへの関心が高まるのは、イギリスのロック・ミュージシャンの演奏するブルースがヒットした60年代後半に入ってからのことです。

61年9月29日にキャロリン・ヘスターの録音でハーモニカを吹いた後、ボブ・ディランが帰ろうとすると、プロデューサーのジョン・ハモンドが用事があるからと呼び止めました。用事とはレコーディング契約しないかという願ってもない提案でした。

ハモンドはそのとき発売準備中の２枚の復刻アルバムのアセテート盤を渡してくれました。１枚はデルモア・ブラザースらのカントリーのアルバム。もう1枚は『キング・オブ・ザ・デルタ・ブルース』でした。それはローリング・ストーンズのギタリスト、キース・リチャーズに「あいつには右腕が２本あるにちがいない」と言わしめたロバート・ジョンソンの作品集でした。

ボブは世話になっていた先輩のデイヴ・ヴァン・ロンクに契約の話を報告に行き、そのアルバムを最初に一緒に聞いたそうです。しかしデイヴは古いブルースに精通していたからでしょうか、ロバート・ジョンソンの曲は古いブルースを借りた派生的なものだと、独創性を認めなかったそうです。たとえばロバート・ジョンソンの「カモン・イン・マイ・キッチン」のメロディは、ミシシッピ・シークスの「シッティング・オン・トップ・オブ・ザ・ワールド」を作り替えたものでしたから。

しかしボブはちがいました。ロバート・ジョンソンの歌の作り方に、他の人の曲の使いまわしには終わらないひらめきを感じたのです。それから数週間アルバムを聞き続けた彼はこう書いています。「それを聞いているときは、恐ろしい幽霊が部屋にいるような気がした。彼の歌は、驚くほど簡潔な行を積み重ねて構成されていた」「あのときロバート・ジョンソンを聞かなかったとしたら、大量の詩のことばがわたしのなかに閉じこめられたままだった」(『ボブ・ディラン自伝』P352、357)

ロバート・ジョンソンの影響

彼がさっそくその影響を取り入れた曲があります。デビュー・アルバムの後に録音してまったく売れなかったシングル「ゴチャマゼの混乱」の話を3章でしましたが、そのカップリング曲で、『フリーホイーリン』にも収録された「コリーナ・コリーナ」です。

この原曲は前出のミシシッピ・シークスのボ・カーターが28年にレコーディングしたときはカントリー・ブルースというよりほとんどカントリー的な曲でした。ボブ・ディランは6拍子のポップで軽快なブルースにしてうたっていますが、なんと2番の歌詞はロバート・ジョンソンの「ストーンズ・イン・マイ・パスウェイ」からの引用なのです。

ロバート・ジョンソンに触発された曲としてボブは「ライク・ア・ローリング・ストーン」を収録したアルバム『追憶のハイウェイ61』のタイトル曲もあげています。ハイウェイ61号はアメリカの中央部を南北に縦断する道で、前述の「ハイウェイ51」でうたわれた51号線の西側を並行して走り、ボブの故郷ミネソタ州ダルースも通っていました。

南部ではこのハイウェイ近辺にブルースゆかりの土地が多く、ルーズヴェルト・サイクス、ミシシッピ・フレッド・マクダウェル、ビッグ・ジョー・ウィリアムスなど数多くのブルースメンが61号線ゆかりの曲をレコーディングしています。ベシー・スミスは61号線の交通事故で天国に召されました。ロバート・ジョンソンが悪魔に魂を売って音楽の才能と引き換えたとされている伝説の場所も、61号線と49号線の交差点です。

ボブ・ディランは61号線にまつわる物語を知っていたはずですが、「追憶のハイウェイ61」にはブルースゆかりの話はぜんぜん出てきません。ボブはときおりパトカーのサイレンを自分でビューンビューンと鳴らし、ポール・バタフィールド・ブルース・バンドのギタリストだったマイク・ブルームフィールドの切れ味鋭いギターやタイトなリズムに乗って、現実離れした物語を展開していきます。

彼は聖書、シェイクスピアの演劇、ブレヒト＝ワイルのオペラなどを連想させる架空の人物の物語を次々にハイウェイ61号に紐づけ、新たな伝説を作り上げているのです。もしかしたら彼は61号線とブルースの伝説もまた、人々がこうあってほしいと望んでいる物語だと言いたかったのかもしれません。

一貫して重要な要素

彼にとってブルースは、黒人音楽を模倣したり、ギター・ソロをカッコよく弾いたりするための素材ではなく、それを生んだ人々の境遇を想像し、登場人物に共感し、創造力に思いを馳せ、その発展に貢献できることを願うものでした。

『追憶のハイウェイ61』には他にも「トゥームストーン・ブルース」「悲しみは果てしなく」「ビュイック6型の想い出」などブルースに曲構造を負う曲が入っています。彼が本格的にエレクトリック・サウンドに手を染めた最初の曲「サブタレニアン・ホームシック・ブルース」をはじめ、ロックの歴史を変えたこの時期の彼の一連の音楽はフォーク・ロックと呼ばれましたが、その推進力はブルースだったのです。

このアルバムほど目立ちませんが、ブルースは一貫して彼のアルバムの重要な要素であり続けています。83年の「ブラインド・ウィリー・マクテル」、2001年の「ハイ・ウォーター（フォー・チャーリー・パットン）」、20年の「グッバイ・ジミー・リード」など、実在のブルースメンに捧げた曲もあります。中でもブルースの古典「セント・ジェイムス病院」のメロディを下敷きにした歌「ブラインド・ウィリー・マクテル」は彼の傑作のひとつとして世評高い曲です。

92年の『グッド・アズ・アイ・ビーン・トゥ・ユー』や93年の『奇妙な世界に』ではカントリー・ブルースの曲も弾き語りしています。前者はカントリーの曲中心のアルバムですが、ブルースの強い影響が感じられます。06年の「ローリン・アンド・タンブリン」や12年の「アーリー・ローマン・キングス」にいたっては、マディ・ウォーターズそのものです。現時点で最新作20年の『ラフ&ロウディ・ウェイズ』にも「フォールス・プロフェット」「クロッシング・ザ・ルビコン」前記の「グッバイ・ジミー・リード」などブルース色濃い曲が入っています。

ジミ・ヘンドリックスの言葉

かつてブルースは、差別された黒人社会の中で黒人に向けて作られた内輪の音楽でした。1920年代以降、ジャズ・ミュージシャンはブルースを即興の素材に取り上げて、洗練された表現を作り出していきます。しかし保守的な白人層や厳格なキリスト教徒の考えでは、ブルースは罪深い音楽、もっと言えば悪魔の音楽でした。ブルースの影響を受けた50年代のロックンロールに対する大人の反発や懸念にもその考えが反映されていました。

60年代後半には、ポール・バタフィールド・ブルース・バンド、クリーム、レッド・ツェッペリンら、数多くの白人のロック・ミュージシャンが、ブルースを大音量に増幅して演奏しはじめます。そこには表面的な憧れやヒロイズムもありました。しかし差別された黒人の悲しみや怒りや誇りへの共感は、白人を中心にした社会の価値観を疑うカウンター・カルチャーの精神と不可分なものでした。

ボブ・ディランは、格差や差別の激しいアメリカ社会で生まれたブルースの表現方法を学びながら、それまでのブルースになかった文学的幻想を持ちこみ、立ちはだかる境界や障壁を越えようとしました。やはりブルースから出発して異次元の音楽を作り出した天才ジミ・ヘンドリックスはボブの「ライク・ア・ローリング・ストーン」や「見張塔からずっと」をいち早くカヴァーしています。ジミはボブのブルースについてこう語りました。

「ボブ・ディランの歌が好きじゃない人は歌詞を読むべきだ。そこには人生の喜びと悲しみが満ちている」（What Jimi Hendrix thought about Bob Dylan『ファーラウト』２０２１年3月22日）「みんなが彼を引きずり落そうとしているが、俺はほんとに彼の音楽が好きだ。『追憶のハイウェイ61』、中でも『トゥームストーン・ブルース』が特に」（Steve Barkerによるインタヴュー、67年1月）

ボブは自伝の中でこう書いています。

「ブルースの血流であるミシシッピー川も、わたしの故郷近くから始まっている。わたしはそのどちらからも遠く離れたことはなかった。それはわたしのこの世界での居場所であり、いつも自分のなかにそのふたつのものを感じていた」（『ボブ・ディラン自伝』P297）

ボブの中には、61号線が終点を迎える北国の寂しい冬の季節に、ラジオからノイズにまじってかろうじて流れてくる南部のカントリーやブルースに耳を傾け、想像を膨らませていた少年がいまも住んでいるにちがいありません。

第5章　フォークの父ウディ・ガスリーとの出会い

オバマ就任記念式典

２００９年1月にバラク・オバマはアフリカ系アメリカ人として初の大統領に就任し、関連式典がワシントンのリンカーン記念堂前広場で行なわれました。会場は公民権運動の指導者マーティン・ルーサー・キング牧師が46年前のワシントン大行進のとき「わたしには夢がある」と人種差別撤廃を願う演説を行なったのと同じ場所です。

公民権法案が可決した後も課題が完全に解決したわけでないことは歴史が語っているとおりですが、オバマ大統領の就任式はキング牧師の夢が少なくともひとつは実現したことを告げる画期的な出来事でした。

09年1月の式典にはピート・シーガーとブルース・スプリングスティーンが登場して「ジス・ランド・イズ・ユア・ランド」をうたいました。この歌が就任式でうたわれたのは、記憶に残るかぎり09年がはじめてです。

第1章でふれたようにピート・シーガーは東西の冷戦がはじまった50年代に左翼的言動でブラックリストに載せられ、活動を制限されたこともある人です。その彼を再び大手のレコード会社に招き入れ、ボブ・ディランを世に送り出したジョン・ハモンドが最後に契約したのがブルース・スプリングスティーンでした。ブルースは情熱的なロックンローラーとしておなじみですが、ソロではウディ・ガスリーやピートに敬意を表してギター弾き語りアルバムを発表しています。だからピートとブルースが、就任式の式典に登場してこの歌をうたうめぐり合わせには胸に迫るものがありました。

「ジス・ランド・イズ・ユア・ランド」を作ったウディ・ガスリーに憧れて、ボブ・ディランがミネソタからニューヨークに出てきたのは61年のことです。そのときすでにウディはハンティントン病をわずらって入院生活を送っており、見舞いに訪れたボブと親しく交流できるような状態ではありませんでした。それでもボブは時間をみつけては病院に通い、熱心に覚えていたウディの曲を、指定された曲もされなかった曲も、病床の彼にうたって聞かせました。

ウディ・ガスリーに憧れて

ウディ・ガスリーはかつて『ウディ・ガスリー／わが心のふるさと』という伝記映画が公開されたこともあるフォーク・シンガーで、日本ではフォーク・ソングの父と紹介されてきました。しかしアメリカには「フォーク・ソングの父」と形容される歌手が他にもいるため、いまではフォーク界の最も重要なシンガー・ソングライターと説明されることが一般的です。

彼は30年代から50年代にかけてアメリカ各地を放浪し、土地を失った農民や季節労働者など、社会を底辺から支える人たちに寄り添って、数多くの曲を残しました。大恐慌時代には政府のニューディール政策に音楽で参加したこともあります。第2次世界大戦時にはギターの共鳴胴に「この機械はファシストを殺す」と書いたステッカーを貼っていました。

ウディの音楽はいまも高く評価されていますが、それはひとつには、歌声が魅力的だったからです。どんな歌をうたうにせよ、人の心を動かすには、歌手としての才能がなければなりません。彼はいわゆる美声とは異なりますが、テノール的な味わい深い歌声の持主でした。てらいのない彼の歌声が、砂嵐に見舞われた農民の苦しみや横暴な雇い主に抗議する労働者の怒りの歌に真実味を加え、それらの出来事が目の前で起こっているかのように思わせました。

民謡という言葉がふさわしかったそれまでのフォークでは、古い歌を伝承することが重要で、歌は無伴奏か、単一楽器もしくはストリング・バンドの演奏でうたわれてきました。ウディは埋もれた伝承曲にも強い関心を持っていましたが、古い言い回しや旋律を流用し、同時代に身辺で起こっている出来事に関する歌を作り、民謡を古くから伝わる芸能として鑑賞するものから、現在を表現する身近な媒体へと生まれ変わらせ、伝統音楽とポピュラー音楽の距離を縮めました。それは伝承にこだわる民謡から同時代に生きるフォークへの飛躍を告げる一大事件でした。

40年代のはじめの数年間、ウディ、ピート・シーガー、リー・ヘイズ、ミラード・ランペルらを中心に活動していたゆるやかな集合体オルマナック・シンガーズは、それを推進したグループでした。その集合体には他に、シス・カニンガム、シスコ・ヒューストン、ジョシュ・ホワイト、バール・アイヴスら数多くの歌手が出入りしていました。

愛や死についての普遍的な歌はもちろん、苦境に立つ人々に共感し、戦争や人種差別に反対する歌を精力的にうたった彼らは、第2次世界大戦中、軍隊やFBIから目の敵にされ、短期間で活動を終えました。しかしその精神は地下水脈のように流れ続け、ピート・シーガーとリー・ヘイズが結成したウィーヴァーズを経て、後のフォーク・ソング・リヴァイヴァルにつながっていきました。そしてボブ・ディランはまさにその精神を受け継いで登場してきたのです。

「ジス・ランド・イズ・ユア・ランド」

「ジス・ランド・イズ・ユア・ランド」は、ウディの歌の中で最もよく知られている曲です。

「わが祖国」という邦題でも知られるこの曲は、カーター・ファミリーの「ウェン・

ザ・ワールド・オン・ファイア」や「リトル・ダーリン・パル・オブ・マイン」の旋律を借りて作られています。この曲は讃美歌の「オー、マイ・ラヴィング・ブラザー」とも同じ旋律です。

普通に考えれば、讃美歌のほうが古いのでしょうが、確認できないので、どちらが先なのか、結論は保留しておきましょう。ウディはそのメロディの後半を少し変え、国家のための賛歌ではなく人々のためのアメリカ賛歌として「ジス・ランド・イズ・ユア・ランド」を書き上げました。ですから歌の中には、この国はあなたとわたしのために作られているという歌詞が何度も出てきます。

この歌を作ったきっかけは、ブロードウェイの売れっ子作曲家アーヴィング・バーリン作曲の「ゴッド・ブレス・アメリカ」が39年にケイト・スミスの歌でラジオからひんぱんに流れてきたのにウディがうんざりしたことだと言われています。「ゴッド・ブレス・アメリカ」はもともと第1次世界大戦中に書かれた曲ですが、ヒトラーの台頭を危惧した作曲家が38年に平和の祈りをこめて改作したものです。フランクリン・ルーズヴェルトは40年の大統領選のキャンペーン・ソングに採用。43年には愛国映画『ジス・イズ・ジ・アーミー』に使われました。

「ゴッド・ブレス・アメリカ」の歌詞は、アメリカを賛美した穏当なものですが、人々ではなく国を賛美しているところがウディには納得できなかったのでしょう。「ジス・ランド・イズ・ユア・ランド」の国民目線の強調には、人を大事にしない国への批判が暗にこめられているようです。

「ゴッド・ブレス・アメリカ」も「ジス・ランド・イズ・ユア・ランド」も、「アメリカ・ザ・ビューティフル」と並んで非公式のアメリカ国歌や第2のアメリカ国歌と言われることがあります。他の2曲にくらべると、演奏される機会の少なかった「ジス・ランド・イズ・ユア・ランド」ですが、09年のオバマ大統領の就任式によって、あらためて脚光を浴びた形です。この曲の一部は、21年1月のジョー・バイデン大統領就任の式典でも、ジェニファー・ロペスのメドレーの中に含まれていました。歌詞の一部をスペイン語でうたったのは、彼女自身もそうであるラテン系住民の増加を意識した演出でしょう。

ウディの歌では他に「みのりの牧場」「ディポーティ」「ダスティ・オールド・ダス

ト」「プリティ・ボーイ・フロイド」「トム・ジョード」などが熱心なフォーク・ファンに知られています。高田渡はウディの「ド・レ・ミ」を改作して「銭がなけりゃ」という歌をうたっていました。

トーキング・ブルース

ウディ・ガスリーに心酔してフォークに深入りしていったボブ・ディランは初期にはよくステージでウディの曲をうたっていました。デビュー前後にニューヨークのクラブなどさまざまな場所で録音された曲の中には「ランブリン・ラウンド」「みのりの牧場」「カー・カー」「ジプシー・デイヴィ」「トーキング・コロンビア」「ザ・グレート・ディヴァイド」「1913マサカー」「アイ・エイント・ガット・ノー・ホーム」「VDブルース」をはじめウディの作品が10数曲残っています。

デビュー・アルバム『ボブ・ディラン』に含まれていた2曲の自作曲「ニューヨークを語る」と「ウディに捧げる歌」もウディの影響抜きには考えられません。

「ニューヨークを語る」は、ウディ・ガスリーやオルマナック・シンガーズが広めた

〈トーキング・ブルース〉のスタイルの曲です。トーキング・ブルースとは、リズミカルなギター伴奏にのって、抑揚をつけて軽快にしゃべっていくスタイルの曲で、ただのおしゃべりではなく、コミカルな風刺が韻を踏みながら語られるのが特徴です。

名前にブルースがついていますが、いわゆる定型のブルースではありません。黒人起源なのかどうか。おしゃべりの部分とそれを受けてコメントするフレーズが対になって進んでいく構造は、ブルースの痕跡を残しているのかもしれませんが、録音に残っている作品の多くは白人のカントリーやフォーク歌手のものです。古くは20年代にクリス・バウチロンがその名も「トーキング・ブルース」という録音を残しています。この曲は、演奏にビートが感じられませんが、リズミカルなしゃべりにはわらべうたや後年のラップに通じるところもあります。

ボブが「ニューヨークを語る」で語っているのは大都会にやってきた驚きやフォーク・クラブで仕事にありつくまでの苦労話で、彼自身の体験がもとになっているのはまちがいありません。歌の最後ではニューヨークに別れを告げ、ニュージャージーのイースト・オレンジに向かいますが、そこはシド・グリースンが毎週末に自宅にウディを連れて来て、世話を焼いていた町です。

この曲にかぎらず初期の彼は「ジョン・バーチ・ソサエティを語るブルース」「第3次世界大戦を語るブルース」「ボブ・ディランのブルース」などトーキング・ブルースをいくつも作っています。ウディたちが持っていた風刺の精神を受け継いだのは彼だけではありません。ボブと並んで社会派の歌をたくさん作ったフィル・オックスや、ボブの支援者でもあった大物カントリー歌手ジョニー・キャッシュもトーキング・ブルースを残しています。最もよく知られるトーキング・ブルースは、ウディの息子アーロ・ガスリーがヴェトナム戦争下の徴兵をめぐるドタバタ騒ぎを語る67年の「アリスのレストラン」でしょう。この物語はニュー・シネマの時代に映画化もされています。

「凡庸な歌はひとつもなかった」

もう1曲の「ウディに捧げる歌」は、不条理に満ちたこの世界でわたしはウディたちの精神を受け継いでいくと表明している歌です。ボブはこの曲ではウディの「1913マサカー」のメロディを借用したばかりでなく、「みのりの牧場」から印象的な歌詞

「砂塵と共に来て、風と共に去る」という言葉の動詞の時制を過去形に変えて引用しています。そしてウディと共に歩んだすべての先輩たちに――シスコ・ヒューストン、サニー・テリー、レッドベリーらの名前をあげて――この歌を捧げています。

30年代の不況下、砂嵐でオクラホマの農場を失い、新天地を求めてカリフォルニアに旅した農民たちの話はスタインベックの小説『怒りの葡萄』でおなじみですが、農民たちと行動を共にしたウディは〈ダスト・ボウル・バラッズ〉と呼ばれる一連の砂嵐関連の名曲を残しました。

ミネアポリス時代に知人の家でウディのレコードをまとめて聞いたボブは「ガスリーの曲そのものが、どの範疇にもおさまりきらないものだった。彼の曲には、人間性のさまざまな側面が含まれ、凡庸な歌はひとつもなかった」「心のなかに、いままでよりもありのままの自分でいられる場所ができたような気がした」（『ボブ・ディラン自伝』P302）と書いています。

ウディのカヴァーに没頭したボブが彼から受け継いだのは、うたい方、言葉の扱い方、伝統的なメロディの活用、世間の風潮に流されない世界観、反骨精神から、食事のしかたや服装にまで及びました。それでもデビューするころには、黒人の古いブルースの影響を受けて、ウディより低く、ざらついた、鬱々としていたかと思うといたずらっ子のように変わる声で、すでに自分の歌い方を身につけていました。

ニューヨークに出てきたころのボブは、幼いころ親に捨てられ、旅回りのサーカス団に拾われて育ったというような話をよくしていたそうです。デビュー・アルバムを発表したときにレコード会社が発表した資料も、放浪の身の上を強調したもので、それはボブが社員に語ったでたらめの話をもとにしたものでした。彼は、ウディの旅やジャック・ケルアックの小説『路上』に描かれた50年代のビート世代のボヘミアンたちの旅物語に、ヒッチハイクではるばるニューヨークにやってきた自分の体験を重ねていたのでしょう。「ウディに捧げる歌」の、明日にでも旅立つつもりだが、つらい旅をしたとは言いたくない、という歌詞からは、20歳の若者らしい背伸びした気負いも感じられます。力のこもった歌や演奏の多い『ボブ・ディラン』ですが、この曲では抑制のきいた歌声が印象に残ります。

アメリカのルーツ・ミュージック

ウディ・ガスリー、ピート・シーガー、シスコ・ヒューストン、レッドベリー、ジョニー・キャッシュら、これまで名前をあげてきた人たちは、フォークやブルースやカントリーの重要人物ですが、彼らの音楽は21世紀に入ってからアメリカーナの先駆的存在として語られることもあります。

古い辞書でアメリカーナを引くと、アメリカの歴史や地理の文献という説明しか出てきません。しかしいま音楽でアメリカーナというときは、フォーク、カントリー、ブルーグラス、ブルース、R&B、ゴスペル、ロックンロールなどアメリカのルーツ・ミュージックの要素がさまざまな濃淡でミックスされた現在進行形のポピュラー音楽を意味します。

広範な音楽を包括する曖昧な呼び名ですが、そもそもポピュラー音楽の多くは、さまざまな音楽の要素の混合から生まれてきたものなので、音楽業界用語の細かな定義にこだわる必要はないでしょう。ウィキペディアによれば、アメリカーナという言葉は90年代の中ごろにアメリカのラジオ関係者が積極的に使いはじめ、99年にアメリカーナ・ミユージック協会ができて広く認知されるようになってきました。

当初はカントリー／フォーク寄りだった範囲は年々広がり、同協会が主宰するフェスティヴァルの過去の出演者を見ても、グレイトフル・デッド、メイヴィス・ステイプルズ、ジョン・フォガティ、グレッグ・オールマン、ジョーン・バエズ、ソロモン・バークなど、ロックからR&Bまで多岐にわたっています。

ウディ・ガスリーや彼と交流のあったレッドベリー、あるいはボブが影響を受けたジミー・ロジャーズやハンク・ウィリアムスなどのカントリー歌手の音楽には、すでにさまざまな音楽のこだまが感じられます。3、4章でふれた「コリーナ・コリーナ」に含まれている多様な音楽の要素のことを思い出してください。アメリカーナという言葉が発明されるずっと前からアメリカーナ的な音楽のあり方は存在していたわけです。

ビートルズへの影響も

たとえばブルース／フォーク歌手とみなされているレッドベリーの「グッドナイト・アイリーン」や「ミッドナイト・スペシャル」は50年代末からフォーク・ソング・リヴ

ァイヴァルの中で人気のレパートリーでした。ボブはノーベル賞受賞後の講演ではレッドベリーの「コットンフィールズ」に言及していましたが、レッドベリー・ヴァージョンの「朝日のあたる家」も当然聞いていたはずです。

レッドベリーの「ロック・アイランド・ライン」は、56年にイギリスでロニー・ドネガンがヒットさせましたが、それを聞いてバンドをはじめたのがジョン・レノンやポール・マッカートニーです。彼らはメンバー・チェンジを経てビートルズを結成します。ロックのビートルズ、フォークのボブ・ディラン、出発点こそちがえ、60年代の音楽革命を先導した両者は、その前に大西洋をはさんでルーツを同じくする音楽と出会っていたのです。

そういえば、元ビートルズのジョージ・ハリスンがボブ・ディランらと88年に組んだトラヴェリング・ウィルベリーズは、拡大版アメリカーナとでもいうべきルーツ・ロック・バンドでした。現在も精力的にコンサートを続けているボブの複合的な音楽については言わずもがなです。

第6章　スタンダードの巨人フランク・シナトラとの接点

「このクソは何だ」

「このクソは何だ」という言葉は、1970年にボブ・ディランのアルバム『セルフ・ポートレイト』が発表されたとき、『ローリング・ストーン』誌で気鋭の評論家グリール・マーカスが書いた評の冒頭の一文です。70年といえば、誉め言葉の並ぶ芸能記事とは異なる視点のロック評論が登場してきた時期で、この評はそれを象徴する有名な言葉として語り継がれてきました。

語り継がれる言葉にしてはいささか上品さに欠けますが、『セルフ・ポートレイト』の何がグリールにそこまで否定的な言葉を吐かせたのでしょう。

ボブは66年のバイク事故でライヴ活動をほとんど中止していました。しかしレコーディングはときどき行なっていて、60年代末までに2枚のアルバム『ジョン・ウェズリー・ハーディング』と『ナッシュヴィル・スカイライン』を発表しています。

ロック界がサイケデリック・ロックで沸騰していた67年の前者は、流行に背を向けて、ほとんどギター、ベース、ドラムだけのシンプルな演奏の、カントリー色の強いものでした。それでも当時のカントリーの主流をなすナッシュヴィル産のポップなサウンドとは距離を置いたストイックな感覚の演奏や歌にロックらしさが宿っていました。

しかし69年の後者はナッシュヴィルのポップなカントリーそのもののサウンドで、それまでの彼とはうって変わって、鼻にかかる美声でラヴ・ソングをうたっていました。デビュー当時から彼のよき理解者だったカントリー界の大物ジョニー・キャッシュとのデュエットも含まれていました。

ナッシュヴィルのポップなカントリーは保守的な音楽が多い、というのが当時の世評でしたから、革新的なロック、フォークを作り続けてきたボブがこのアルバムを発表したとき、ファンは仰天しました。65年に彼がエレキを手にしたとき、裏切られたと怒ったフォーク・ファンが多かったように、『ナッシュヴィル・スカイライン』を聞いて、驚かなかったファンはいなかったでしょう。

評価が逆転した『セルフ・ポートレイト』

ところがそれに輪をかけてファンを当惑させるアルバムが次に出てきました。『セルフ・ポートレイト』です。66年の『ブロンド・オン・ブロンド』以来の2枚組アルバムでしたが、すみずみまで気迫のこもった『ブロンド・オン・ブロンド』とちがって、はなはだしい脱力作品だったのです。

冒頭の「オール・ザ・タイアード・ホーシズ」はポップな女性コーラスからはじまります。それだけでもなんだこりゃでしたが、この曲は、なんと、最後まで聞いてもボブの歌声が入っていないのです。誰もがレコードをかけまちがえたのかと思ったはずです。

2曲目のブルース「アルバータ#1」に進むと、歌声からレコードのかけまちがいでないことはわかりましたが、演奏も歌も妙にふわふわした仕上がりでした。以後もオリジナル曲は少なく、美声のカントリー・ワルツやスタンダードの「ブルー・ムーン」があるかと思えば、サイモン&ガーファンクルのヒット曲「ボクサー」のユーモラスな一人二重唱もありました。さらには「ライク・ア・ローリング・ストーン」の、これまたメロディを大きく変えてくつろいでうたうワイト島のライヴや、演奏だけの曲があったりして、脈略がないアルバムとしか感じられなかったのです。

当時のレコードはかなり高価でしたから、２枚組に大枚はたいて、この音楽かよ、と思わなかったというと嘘になります。グリール・マーカスが「このクソは何だ」と書いたのは、ボブのファンの大半の思いを代弁するものだったのです。

しかしそのグリールが、43年後、『セルフ・ポートレイト』に未発表音源を加えたブートレッグ・シリーズ10集『アナザー・セルフ・ポートレイト』ではライナー・ノーツに絶賛の言葉を寄せていました。なんだ、えらそうなことを書いていたのに、レコード会社から頼まれて寝返ったのか、と思う人もいたはずです。

しかしそうではないのです。グリールに近い体験をしたぼくは、そう断言できます。では評価の逆転はどうして起こったのでしょう。

ボブ・ディランはこのアルバムについて自伝の中でこう書いています。

「マスコミは自分たちが下した判断を簡単には取り下げず、わたしはそのままでいることに耐えられず、自らの手で自身のイメージをつくりかえ、人々の認識を改めなくてはならなかった」「思いつくものは何でも壁に投げつけ、壁にくっついたものはすべて発表する。壁にくっつかなかったものをかき集め、それもすべて発表する。そういうアルバムだった」（『ボブ・ディラン自伝』P146、148）

彼がイメージと言っているのは、〈フォークのプリンス〉〈時代の預言者〉〈カウンター・カルチャーの代弁者〉といったマスコミやファンの思いこみです。彼は「有名であることはそれ自体がひとつの職業、まったく別個の職業である」という俳優のトニー・カーティスの言葉も引き合いに出しています（同書P150）。そこから逃れるために、本人がわざとはぐらかすようないいかげんなアルバムを作ったと言っているのですから、グリール・マーカスが「このクソは何だ」と書いたのは、的確な評価でした。

しかしこのアルバムには、クソかもしれないにもかかわらず、人の心をとらえてやまないところがありました。ブートレッグ・シリーズの『アナザー・セルフ・ポートレイト』を聞くと、それがもっとはっきりします。このアルバムと70年発表の『新しい夜明け』の収録曲は、レコーディング時期が重複しており、ブートレッグ・シリーズで公表された未発表ヴァージョンを聞くと、『セルフ・ポートレイト』は、選曲次第で、はるかに真剣なアルバムにすることもできたことがわかります。興味のある方はザ・バンドに提供して当時の自分のアルバムに収録しなかった「マスターピース」のデモだけでも聞いてみてください。

２０１５年『シャドウズ・イン・ザ・ナイト』

ボブ・ディランは基本的には自作曲をうたうシンガー・ソングライターですが、伝承曲を含めて、数多くの曲をカヴァーしています。カヴァー曲の多い公式アルバムは次のとおりです。

62年の『ボブ・ディラン』、70年の『セルフ・ポートレイト』、73年の『ディラン』、88年の『ダウン・イン・ザ・グルーヴ』、92年の『グッド・アズ・アイ・ビーン・トゥ・ユー』、93年の『奇妙な世界に』、２００９年の『クリスマス・イン・ザ・ハート』、15年の『シャドウズ・イン・ザ・ナイト』、16年の『フォールン・エンジェルズ』、17年の『トリプリケート』。

このうち20世紀のアルバムでは、基本的にフォーク、カントリー、ブルース、ロックンロールなど、彼の音楽の直接的なルーツがよくわかる曲を取り上げていました。しかしクリスマス・アルバムや『シャドウズ・イン・ザ・ナイト』以降の3作では、主にフランク・シナトラやその同世代の歌手によって知られるポップ・スタンダードを取り上げています。

彼がフランク・シナトラの歌を取り上げるという話を最初に耳にしたときは、なぜフランクをといぶかしく思いました。彼はポップ・スタンダードに背を向けてデビューした人だからです。とはいえ突飛な行動には事欠かない彼のことですから、これもまたボブらしい行動と言えなくもありません。

近年の自分のバンドの演奏でスタンダードをうたっているところも彼らしく思えます。ペダル・スティール・ギターの演奏がアンビエント（環境音楽）やカントリー色を感じさせる一方、ベースを弓で弾いたり、ヴィオラを入れることでストリングス・セクションを連想させ、ブラス・セクションをフレンチホルンに代えるあたりの工夫は見事という他ありません。

たとえば、オーケストラを従えてスタンダードをカヴァーした同世代の歌手ニルソン、リンダ・ロンシュタット、ロッド・スチュワートとくらべてみると、ボブの試みが前例のないものであることがよくわかると思います。

さて、フランク・シナトラといえば、いまの日本では一般的には「マイ・ウェイ」の人という認識でしょう。たしかに「マイ・ウェイ」はフランクの晩年を飾ったポップなヒット曲です。しかしそれは彼のほんの一面を表わす曲でしかありません。というのは彼の全盛期は1930年代末から50年代にかけてのことで、オーケストラやジャズ・バンドと共に数多くのヒット曲を放ち、アメリカを代表する歌手として芸能界に君臨していたからです。当時の人気からすると、フランクにとって「マイ・ウェイ」という曲は、おつりのようなものです。

『シャドウズ・イン・ザ・ナイト』
(2015年)

ビング・クロスビーとシナトラ

15年生まれのフランク・シナトラは、少年時代にビング・クロスビーのコンサートを体験して、歌手をめざそうと思った人です。２人とも20世紀中期のアメリカのポピュラー音楽を代表する人気歌手で、民謡から都会のジャズやポップまで幅広い曲をうたったところも共通しています。

20年代にポール・ホワイトマン楽団にいたビングは、大不況の30年代にラジオ番組を持つことで、ソロ歌手としてめざましい成功を収め、その後数十年にわたって変わらぬ人気を集めました。甘く優しく夢見るような「いつの日か君に」や切実な訴えの「兄弟、10セントめぐんでくれないか（ブラザー、キャン・ユー・スペア・ア・ダイム）」は、大不況の時代に人々を慰めた癒しの声でした。他にも「スウィート・レイラニ」「ホワイト・クリスマス」「ダニー・ボーイ」など彼の歌で知られる名曲は少なくありません。

30年代はラジオやレコーディングの電気技術が急速に発展した時期で、歌手はそれに合わせてうたい方を工夫しなければなりませんでした。ビングの軽妙な歌声は、マイクを活用して滑らかにうたうことで得られたものでした。友人に語りかけるような彼の歌の人気によってクルーナー（ささやくようにうたう歌手）という言葉が定着。それまでの歌手の大声の演劇的なうたい方は急に古色蒼然としたものに聞こえてきました。電気と親和性のある彼の歌声はポピュラー音楽の20世紀の本格的なはじまりを告げるものだったとも言えます。

フランク・シナトラもラジオ局に出入りしてうたうチャンスをつかんだところはビング・クロスビーに似ていました。39年にフランクの歌をラジオで聞いたバンド・リーダーのハリー・ジェイムスは彼を自分の楽団の専属歌手に雇います。さらにそれを聞いたのが人気楽団を率いていたトミー・ドーシーで、彼を自分の楽団に引き抜きます。

ドーシー楽団在籍時にフランクはトミーが息継ぎせずに長いトロンボーン・ソロを演奏しているように見えたのに驚き、循環呼吸を研究したり、水泳で肺を鍛えたりしました。その結果、軽々と8小節くらい続けてうたえる技術を身につけました。また、朗々とうたうために、イタリア声楽のベルカント唱法を研究したこともありました。

フランクが活動をはじめた30年代後半、アメリカのポピュラー音楽の最先端はビッグ・バンドによるスウィング・ジャズの躍動的なリズムでした。不況が終わることへの期待と戦争の足音への不安が交錯していたその時代、フランクは当初ビングに倣って「アイル・ネヴァー・スマイル・アゲイン」のような甘く感傷的な歌を多くうたっていました。しかし43年には、ソロ歌手として、快活で歯切れのいい「オール・オア・ナッシング・アット・オール」(実際は39年のハリー・ジェイムス楽団との録音でした)やコーラスをしたがえたアカペラ曲「ユール・ネヴァー・ノウ」で注目され、トミー・ドーシー楽団時代とは桁ちがいに大きな人気を集めます。

ボビー・ソクサー

スターのステージに女の子が殺到して大騒ぎしたり失神したりする現象は、エルヴィス・プレスリーやビートルズなど、ロックンロール以降の特徴的な現象と思われていますが、実はそうではありません。最初にその現象を巻き起こしたのがフランクでした。44年10月12日、ニューヨークのパラマウント劇場で行なわれた彼のコンサートには、1万人以上の観客が押し寄せ、何区画にもわたって長蛇の行列を作り、会場に入れなかった少女たちはタイムズ・スクエアで暴動まで起こしています。

第2次世界大戦中に起こったこの事件は、世間から叩かれ、熱狂したファンは、女子学生の靴下にちなんで、ボビー・ソクサーと呼ばれました。この熱狂は、若者の出征が相次いだ時代に、フランクが若い女性の仮想恋愛の対象にされたからだろうとも言われています。

ソロ時代のフランクはコロンビア・レコードと契約して次々にヒットを放ちましたが、安定した人気を持ち続けた先輩のビングとちがって、浮き沈みの激しい人でした。途中からA&R（制作）の責任者に就任したミッチ・ミラーとは相性が悪く、選曲をめぐってしばしば対立、52年に多額の借金を残したままレーベルを追われます。最後にレコーディングした「ホワイト・トライ・トゥ・チェンジ・ミー・ナウ」は、タイトルからして象徴的でした。この曲はボブ・ディランも『シャドウズ・イン・ザ・ナイト』で取り上げています。

プライベートな問題もあって低迷期を過ごしたフランクが立ち直ったのは、53年に映画『地上《ここ》より永遠《とわ》に』の脇役俳優としての演技が高く評価され、キャピトル・レコードと契約してからでした。それでも最初のレコーディングは自費負担だったという話を聞くと、売れる売れないで掌を返す音楽ビジネスの現実を垣間見る気がします。

幸い53年の「心若ければ（ヤング・アット・ハート）」を皮切りに、ビッグ・バンドや大編成のストリングスをあしらった演奏をバックにしたヒット曲が続き、彼は「ザ・ヴォイス」と呼ばれて、新たな全盛期を迎えます。ちなみにボブ・ディランのスタンダード・アルバムのレコーディングもフランクゆかりのキャピトル・タワーのスタジオで行なわれました。蛇足ながらハリウッド大通りとヴァイン通りの交差点近くにある円筒形のそのビルの屋上は、リンゴ・スターの「オンリー・ユー」のヴィデオ・クリップのはじめのほうに出てきます。

ディランの歌唱力

カントリー歌手のウィリー・ネルソンがポップ・スタンダードをうたった78年のアルバム『スターダスト』を聞いたときから『シャドウズ・イン・ザ・ナイト』のようなアルバムを作りたいとボブは思っていたそうです。なぜフランク・シナトラかと質問された彼はこう答えています。

「スタンダードをうたうなら、まずフランク・シナトラのことが浮かぶ。彼はそびえたつ山のようなものだから。途中までしか進めなくても、登らなければならない山なんだ。彼がうたっていない曲などないように思える（中略）。彼は会話するような方法で歌の中に入っていく能力を持っていた。誰かに向けてではなく、聞いてくれる人に向けてうたった。わたしも誰かに向けてうたう歌手になりたいとは思わない」（"Bob Dylan Does the American Standards His Way", AARP, February 8, 2015）

思いがけない行動の多い彼にしては、いたってまっとうな説明です。それにしても、難曲を軽々とうたうフランクと、だみ声で起伏の少ない歌をうたってきたボブの組み合わせが意外であることに変わりはありません。

フランクや彼の世代の名歌手たちの歌唱力を疑う人はいないでしょう。一方、ボブはほんとに歌がうまいのかと疑問に思っている人もいます。歌の語尾に妙なくせがありますし、自作曲のメロディを際限なく変えて、どの曲をうたっているのかわからないと言われることも多いですから。

しかし歌唱力があるとは、どういうことなのでしょう。譜面通りに正確にうたうことなのでしょうか。正確さはクラシックでは必要ですが、即興を含むポピュラー音楽では、そうとは言い切れません。音程がずれまくるようでは困りますが、むしろ微細な逸脱によって歌に表情をつけることが多いくらいです。

ボブの歌で言えば、歌詞が早口で次々に飛び出してくる「マギーズ・ファーム」「ブルーにこんがらがって」「サンダー・オン・ザ・マウンテン」のような曲は、歌唱力がなければ感情をこめてうたえません。ゆったりとした「北国の少女」や「最も卑劣な殺人」「キーウェスト」の説得力も歌唱力があればこそです。

『シャドウズ・イン・ザ・ナイト』からはじまる一連のポップ・スタンダード・アルバムでの彼は、ほとんどメロディを崩さずに淡々とうたっています。フランク・シナトラやナット・キング・コールのようにぴかぴかに磨き抜いた歌唱ではありませんが、ロマンチックな歌に少し翳りや汚しを入れて照れながらうたっているところもあります。

近年のボブのコンサートのほとんど前衛的と言えそうな歌を聞いている人なら、彼がちゃんとスタンダードをうたっていることに驚くにちがいありません。しかも歌と演奏はスタジオ・ライヴ。どの曲も1、2回の録音で終わったといいますから、彼に歌唱力がないというのはまったくの誤りです。

往年の曲の素顔

『シャドウズ・イン・ザ・ナイト』を発表したとき、彼は『ローリング・ストーン』誌のインタヴューでこう言っていました。「わたしはいかなる方法にせよこれらの歌をカヴァーしているつもりはない。これらの歌はもう十分カヴァーされてきた。というより実際のところ、埋められてきた。わたしとバンドがやっているのは、カヴァーを取り去ることだ。墓場から取り出して昼の光のもとに運ぶことだ」（2015年2月8日号）

1940年代から50年代にかけてのゴージャスなストリングスやビッグ・バンドの音に包まれた歌を、ボブは5人前後のバンドの演奏に変換して、いわば往年のポピュラー音楽の素顔を見せてくれます。

たとえばもともと映画『スター・スパングルド・リズム』でジョニー・ジョンストンがオーケストラ伴奏でうたった「ザット・オールド・ブラック・マジック」を聞いてみましょう。ジュディ・ガーランド、グレン・ミラー、フランク・シナトラ、エラ・フィッツジェラルド、サミー・デイヴィス・ジュニア、ビリー・ダニエルズ、ルイ・プリマとキーリー・スミスなど無数の歌手が取り上げてきた曲です。

ジュディはオーケストラで、グレンは優美なビッグ・バンド演奏に歌とコーラスを配して、フランクとエラとサミーとビリーはスウィンギーなジャズ伴奏でうたっています。サミーはイントロにハチャトリアンの曲を配した派手な演奏、フランクはオーケストラでも録音を残しています。

ルイ・プリマとキーリー・スミスがデュエットするジャンプ／ジャイヴ風の遊び心満載のヴァージョンは58年に発表されてグラミー賞を受賞しました。この曲のドラムはスウィング時代の名手ジーン・クルーパへのオマージュでしょう。ボブの演奏はそれを参考にしていますが、かなりロカビリー寄りで、洗練された都会的な演奏で知られるこの曲の思いがけないルーツを浮かび上がらせます。

この曲を作詞した09年生まれのジョニー・マーサーはキャピトル・レコードの創設者のひとりですが、南部ジョージア州の裕福な家に生まれ、父親のスコットランド民謡や母親のパーラー・ソング、黒人教会の音楽などさまざまな音楽にふれて育った人です。

作曲者は05年生まれのハロルド・アーレン。彼は「虹の彼方に」の作曲者として有名ですが、20代のころはハーレムのコットン・クラブで黒人のジャズの洗礼を浴び、「ストーミー・ウェザー」などを作曲していました（ボブは『トリプリケイト』でこの曲も取り上げています）。その世代のニューヨークやロサンゼルスの職業的ソングライターの中では黒人音楽に造詣の深かった２人の共作が「ザット・オールド・ブラック・マジック」であり、ボブはそのエッセンスを軽やかに表現しています。なお、歌も得意だったジョニーは、後にラテン・ファンク・アレンジで自分でもこの歌をうたっています。

しわだらけの農夫の声

もう1曲「ザット・ラッキー・オールド・サン」を聞いてみましょう。これはフランキー・レインがヒットさせた曲として知られています。フランキーは、フランク・シナトラのライバルとして売り出されていた歌手で、この曲は49年に全米ナンバー・ワンになり、フランクもそれを追いかけてカヴァーしました。同年だけでも他にルイ・アームストロングやヴォーン・モンロー・オーケストラに競作された人気曲です。

フランキーのヴァージョンは、フォーク調のアコースティック・ギターの淡々とした弾き語りからはじまり、コーラスが加わり、編成の大きいオーケストラでしめくくられます。一方、フランクの歌は、最初から豪華なオーケストラ演奏を従えています。きびしい日常を耐える南部の黒人農夫の嘆きの歌なのに、2人とも都会的なポップ・ソングに仕上げていて、主人公の悩みを華やかにうたいあげて終わります。

ボブ・ディランは『シャドウズ・イン・ザ・ナイト』ではフランクのヴァージョンに敬意を表してフレンチ・ホルンやティンパニー的ドラムで讃美歌風のおごそかさを強調していますが、旅回りのやさぐれ楽団さながらの演奏を背景にした彼の低い声を聞いていると、南北戦争の時代に地平線の見える小屋でしわだらけの農夫が独り言をつぶやいているような風情があり、こちらのほうがオリジナル曲かと思えるほどです。

この曲を聞いて思い出すのは、フランク・シナトラが46年の映画『ティル・ザ・クラウズ・ロール・バイ』の中で「オール・マン・リヴァー」をうたう場面です。差別を受けてきた寡黙な老いた黒人の姿をミシシッピ川の静かな流れにたとえたこの歌は、「ザット・ラッキー・オールド・サン」と双子のような曲です。

映画のフランクは巨大な白い螺旋形のセットで大編成のオーケストラや多数の女性ダンサーを従えてうたっているのですが、全員白服で、途中、微笑を浮かべるところもあり、演出と歌の深刻さが一致しません。同じ映画で黒人のキャレブ・ピーターソンがこの曲をうたう場面もあり、そちらでは徐々に表情にけわしさが増します。しかし彼の周りの群衆全員が一緒に体を揺らしながらコーラスするいかにもミュージカル的なにぎやかし演出は、歌の内容からすると、やはりいかがなものかという気がします。

これは、聞き手は主人公の悲しみが仮構であることを知っているので、華麗な表現に違和感を持たないだろうという考え方や、むしろ悲しい歌を聞きやすくするために派手にする、という方法論が当時のハリウッドにあり、実際に観客が娯楽にはそれを求めていたということでしょうか。それとも白人による演出の発想の限界だったということでしょうか。それは歌の現実感をどういう形でどこまで表現するのかという問題です。

転換点は65年

ボブ・ディランが登場した時、彼の歌の多くは深刻なテーマを孕んだものでした。

「風に吹かれて」や「はげしい雨が降る」などの当時の動画の彼はけわしく真剣な表情です。夢を売る華やかさとは縁のないだみ声でうたっています。

小説家のジョイス・キャロル・オーツは、その声を「砂やすりがうたっているようだ」と形容し、そこに劇的な表現力があると絶賛しました。デイヴィッド・ボウイも「ソング・フォー・ボブ・ディラン」の中で「砂と膠《にかわ》のような声」とうたっていました。

それまでの歌手は、ステージで悲しい歌をうたった後でさえ、歌手がファンに見せるのは基本的に明るい笑顔でした。ボブと同世代の初期のビートルズも人前ではとても愛想のいいグループでした。それを思うと、ボブの不機嫌そうな表情は異例でした。いま氾濫しているようなヒップホップ的なこわもての美学が登場するのはずっと後の時代のことです。

ポピュラー音楽で不機嫌な表現が表舞台に出てきた転換点は、零落した女性に辛辣な言葉をかけるボブの「ライク・ア・ローリング・ストーン」や、ビートルズに対抗して不良イメージを強調したローリング・ストーンズの「サティスファクション」がヒットした65年あたりでしょう。

その不機嫌そうなボブのイメージを、幅広いタイプの曲を投げやりに集めた70年の『セルフ・ポートレイト』はぶち壊しにしていました。しかしその〈ふまじめさ〉におもしろさが隠れていたと、歳月を経たいまは言うことができます。〈きまじめな〉ルーツ志向の音楽と、都会のポップ・スタンダードが別世界のものであると思われていた常識の枠組を揺るがし、ポピュラー音楽をより包括的にとらえる視点を、このアルバムは含んでいたということです。当時本人はそこまで意図していなかったと思うので、瓢簞から駒のようなものですが。

そう思うと、フランク・シナトラとボブ・ディランの接点も以前より不思議ではなくなってきます。2人は生きた時代も取り組んだ音楽もちがいます。しかし片や思想信条的な問題で、こなたマフィアとの関係や不倫騒ぎで、報道で批判され、ファンに呆れられながら、音楽の流れを変え、生き抜いてきたところは共通します。

いまは中高年が集まるロック・コンサートの珍しくない時代ですが、ボブ・ディランがロックを演奏しはじめた60年代、ロックは若者の音楽と思われていました。アメリカは若さが信仰の対象になる国であり、ロックはそれを象徴する最新の音楽でした。

しかし若さを賛美する歌はロックの専売特許ではありません。ジャズの時代から若さは可能性の証でした。フランク・シナトラは38歳のとき「心若ければ（ヤング・アット・ハート）」で、心が若ければ、お伽噺も現実になる、毎日の人生がさらにエキサイティングになる、と明朗な歌声でうたっていました。どんなにお金持ちになるより、心が若いほうがずっといいと。

この曲がヒットした53年は東西の冷戦期でしたが、景気のよかったアメリカの多くの人々は明日を夢見て暮らしていました。「心が若ければ」と言っているこの歌の楽天的な主人公は、叶わなかった夢を悔いている老人ではなく、アメリカン・ドリームを信じる未来のある若者もしくは壮年でしょう。

シナトラが晩年最後のステージでうたった「ザ・ベスト・イズ・イェット・トゥ・カム」は、最高のときはまだこれから来るんだよという歌でした。もともとカウント・ベイシー楽団と録音して64年に発表した曲で、歌詞に若さへの言及はありませんが、79歳でこの歌をうたい、墓碑銘にもこの言葉を刻んだそうですから、死んでも「まだまだやらにゃ」と思い続ける気の若さを感じます。ボブはこの歌も『トリプリケイト』で、軽快にスウィングしてうたっていました。それにくらべると、79歳のときの彼の「クロッシング・ザ・ルビコン」は、一線を越えるという勇ましいタイトルとはうらはらに、むしろ穏やかな諦念さえあるブルースです。

お気に入りは「いつまでも若く」

フランク・シナトラがお気に入りだったボブの曲は、「いつまでも若く（フォーエヴァー・ヤング）」だったそうです。これはボブが息子の子守歌のつもりで書いた曲で、あなたの願い事がすべて叶いますように、あなたがいつまでも若くいられますように、いつも真実を知ることができますように……などさまざまな願い事がうたわれています。

この歌はボブが33歳の年、ザ・バンドと共演した74年のカムバック・アルバム『プラネット・ウェイヴズ』で発表されましたが、彼のしわがれ声のせいか、フランクの「心若ければ」よりずっと老成して聞こえます。穏やかさのあるこの曲に出会ったとき、彼の成熟を感じると同時に、激動の60年代から内向きな70年代への世相の変化を感じたことも思い出します。

95年、ボブはフランクの80歳を祝うテレビ番組『80イヤーズ・マイ・ウェイ』に出演しました。そのとき他のゲストが全員フランクの有名曲をうたったのに、ボブはフランクからのリクエストで自作の「哀しい別れ（レストレス・フェアウェル）」をうたっています。それだけでも2人の特別なつながりが感じられます。

この歌は心ない報道記事に傷ついたことがきっかけで生まれたらしく、「ゴシップの泥がわたしの顔に吹きつける、うわさの埃がわたしに覆いかぶさる」というフレーズなど、数え切れないほど同様の目に遭ってきたフランクは感じ入るところ大だったにちがいありません。

そのころ、フランクの自宅のパーティに招かれた想い出を、ボブは自分のサイトに掲載したビル・フラナガンによる17年のインタヴューで語っています。2人が中庭で話していたとき、夜空を眺めながら、フランクは星を指さしてこう言ったそうです。

「君もわたしも目が青い。われわれはあそこから来たんだ」

第7章「ネヴァー・エンディング・ツアー」はいつまで続く

「もうわたしの時代は終わった」

1988年6月7日にカリフォルニア州コンコルドのパヴィリオンから長期にわたるコンサート・ツアーをはじめたとき、ボブ・ディランの胸中によぎったのはどんな気持ちだったのでしょう。

その前の86年から87年にかけて、彼はトム・ペティと18か月にわたる大規模なツアーを行ない、その間にグレイトフル・デッドと共演し、『ディラン・アンド・ザ・デッド』というライヴ・アルバムを残しています。しかし実はこのツアーの途中、ボブは深刻なスランプ状態に陥っていました。ときに47歳。サラリーマンなら働き盛りの年代です。

「何もかもが砕け散った。自作の曲が遠いものとなり、わたしは曲が持つ本質的な力を刺激して生かす技術を失い、上っ面をなぞることしかできなくなっていた。もうわたしの時代は終わった。心のなかでうつろな声がして、引退してテントをたたむのが待ち遠しかった」「わたしは形だけの歌と演奏をしていた。いくら努力しても、エンジンはかからなかった」（『ボブ・ディラン自伝』P179、180）

そうとう深刻な状態です。

音楽は目の前に聴衆がいなくとも作れますが、コンサートは聴衆と演奏者のコミュニケーションによって成り立っています。音楽家にとってコンサートは自分と音楽、自分とファンが、ほどよい緊張やくつろぎを保ちながら時と所をしばし共に過ごす場です。

そこには演奏者と聴衆の立場のちがいもあります。

ファンが特定のアーティストのコンサートを聞く機会は一生に何度もあるわけではありません。だからレコードなどで聞いて感銘を受けた記憶に近い演奏や歌をコンサートに求める人がほとんどです。

一方、長年コンサート活動を行なってきたミュージシャンが古い曲を演奏する気持ちは一様ではありません。ファンの期待に沿う演奏を聞かせてサーヴィスするのが当然という人も、もちろんいます。おなじみの演奏ならファンは喜んで会場は盛り上がるでしょう。

ただし同じ演奏をなぞり続けることはミュージシャンにとって慣れ合いと背中合わせです。いや、そうではない、演奏は常に1回限りのものだから、たとえ同じ譜面通りに演奏したとしても、体調やファンの反応によって毎回微妙なちがいがあり、そのつど新鮮だという人もいます。高齢のロック・ミュージシャンが増えた現在では、歳を重ねるにつれて円熟味のある演奏を聞かせればいいという考えもあるでしょう。しかしいくら才能のある人でも、同じ曲を最初に発表したころのように、あるいはそれ以上に感情をこめてうたうことは容易ではありません。昔と同じ形でうたい続けることが声域や心理的に難しいこともあります。

居心地の悪さ?

ロック系の人気者のコンサートには音楽以外の要素もついて回ります。

記録を次々に塗り替えていた時期の66年にビートルズはコンサート・ツアーをやめました。どの会場でも演奏が聞こえないほどのファンの大歓声の壁に何年も向き合っているうちに「ぼくらはもうミュージシャンじゃなくなっていた」（ジョージ・ハリスン）、「ある種のファンの要求をニコニコと受け入れるには、天使にならなきゃ無理だ」（ジョン・レノン）という心境に陥ったのです。

ビートルズの人気は特別だったから参考にならないでしょうか。しかし人気ミュージシャンは多かれ少なかれ同じような状況に迫られます。63年のニューポート・フォーク・フェスティヴァルの会場で、ボブはすでに何人ものファンから追いかけ回され、ステイション・ワゴンに乗って逃げ出す体験を味わっています。65年から66年にかけて彼のコンサートで演奏中にブーイングがついて回ったことは序章に述べたとおりです。コンサートの楽屋口にきてリムジンを追いかけ、上に乗って騒ぐようなファンも少なくありませんでした。

それでも74年にコンサート活動に本格的に復帰してからボブは数多くのコンサートを行なってきました。そうしながら47歳のとき「やる気をなくして、これが最後のツアーになるだろう」と思った理由は推測するしかありませんが、ロック・ビジネスが安定成長を続けた80年代、巨大な会場でのコンサート・ツアーに彼が居心地の悪さを感じていたことはまちがいないでしょう。

会場が大きくなればなるほどファンの思惑は拡散していきます。好きな曲を期待して来る人、ノリだけを求める人、伝説の人物のコンサートだから見ておきたいというだけの人などなど。ステージに立つ側もバンド・メンバーや音響や照明のスタッフとの事前の打ち合わせや約束事が増えていきます。比較的小さな会場で、気分のおもむくまま演奏し、聴衆に語りかけて得られるような一体感は求めるすべもありません。

スタンディング会場でのコンサートを体験した人はご存じのように、会場には音楽以外のノイズが満ちています。踊りたい人もいれば、しゃべっている人も、叫びたい人もいます。演奏中も観客は絶えず移動しています。そんなときは大音量でノリのいい曲を演奏すれば、大観衆の反応がまとまりやすいことも事実です。

ポール・マッカートニーやローリング・ストーンズのスタジアム・コンサートに行くと、彼らが割り切ってエンタテインメントに徹していることがよくわかります。見事なプロ精神です。ステージ上のミュージシャンが豆粒ほどにしか見えない遠い席の人向けのモニター映像は、ギターを弾く指の動きまで拡大して見せてくれます。ステージより映像を見ている時間の方が長かったという人も多いようです。ある意味、それは音楽そのものを楽しむというより、その場を体験することを楽しむように演出された参加型のイヴェントと言うほうがいいかもしれません。

しかし自作曲をツアーのたびに大幅に変えてうたい、演奏にこめる感情を絶えず更新しようと思っているボブ・ディランにとって、スタジアム・ツアーは必ずしもふさわしい場ではありません。だから彼は創造性が巨大な音楽ビジネスのブラックホールに吸いこまれていくように思えて、疲れていたのではないかと思います。

80年代をしめくくる名作『オー・マーシー』

ところが88年に彼は懲りずにツアーを再開しました。やがて〈ネヴァー・エンディング・ツアー〉と呼ばれるようになるツアーです。その間に彼にいったい何が起こったのでしょう。

『ボブ・ディラン自伝』の「オー・マーシー」の章で、彼はデビュー前にニューヨークのヴィレッジで知り合ったブルース・ギタリストのロニー・ジョンソンから三連符からのメロディの作り方やリズムやコードの変化などについて教わったことがあり、それがあらためて役立ったこと、グレイトフル・デッドとのリハーサルから逃げ出してサンフランシスコのクラブで聞いた黒人ジャズ・バンドの年配の歌手（名前は書かれていません）の歌から天啓を受け、自分をとりもどしたことなどを記しています。

抽象的な説明なのでわかりにくいのですが、いずれにせよ88年のツアーでの彼は、よく知られている曲をそれまでになく硬質なギター・ロック・サウンドにのせて演奏しており、歌にも生気がよみがえっています。

『オー・マーシー』（1989年）

その時期のバンドを仕切ったのは、ホール＆オーツのバックやテレビの人気番組『サタデイ・ナイト・ライヴ』でギターを弾いていたG・E・スミスでした。それまでのボブの人脈からすると、ポップ寄りのギタリストという先入観があったので意外な気がしましたが、G・E・スミスの音楽的ルーツのひとつは少年時代に出会ったフォーク・ソングで、ボブのアルバムはデビュー作から聞いて歌詞まで知り尽くしていたそうです。ボブとツアーした数年間は生涯最高の思い出だとも語っています（ネット上の『ヴィンテージ・ギター・マガジン』のインタヴュー記事）。

そんな88年のツアーの途中で曲作りも再開したボブは、U2のボーノの訪問を受けたとき、彼からプロデューサーのダニエル・ラノワを紹介されます。ダニエルはブライアン・イーノと共に、U2の80年代の『焰』や『ヨシュア・トゥリー』、ピーター・ガブリエルの『So』などの名作群を担当。独特の奥行のある音像作りで注目されていたカナダ出身のミュージシャン／プロデューサーです。

彼を迎えて作られたのが89年発表の『オー・マーシー』でした。深い喪失感や孤独や悔悟を漂わせた曲が多いのですが、重く沈みかねない歌と浮力のある演奏の組み合わせが絶妙で、80年代をしめくくるロックの名作として高く評価されている作品です。

異例ずくめの共同作業

スタジオに集まったミュージシャンと一緒に曲を何度かライヴ演奏してそれでよしとするタイプのレコーディングを続けてきたボブにとって、『オー・マーシー』でのダニエルとの共同作業は異例ずくめでした。ボブのいつもの録音方法を考えれば、それに彩色しようとするダニエルのプロデュースを噛み合わせることが難しいのは、はじめる前からある程度まで予想できたはずです。案の定、まず「ポリティカル・ワールド」をレコーディングしているうちにたちまち衝突してしまいました。

3日ほどセッションの袋小路が続いたときは、ダニエルが怒りを爆発させてスタジオにあった金属製のドブロ・ギターを床に叩きつけ、スタジオに暗雲がたちこめます。東西冷戦の終わりに伴う混乱と希望の89年に、すべては誰かのもので、枠に登って神の名を叫んでも、それが何なのかわからないという絶望的なフレーズで終わるこの歌からレコーディングをはじめたのが悪い冗談だったかのような出来事です。

たぶんギターを壊したのはダニエルの計算ずくのパフォーマンスでしょうが、『ボブ・ディラン自伝』の「オー・マーシー」の章に書かれたこのアルバムの数か月のレコーディングの過程は、他にも胃袋に穴が開きそうな出来事の連続です。「ポリティカル・ワールド」を後回しにして進めた他の曲のレコーディングでも、ボブが思い描く表現とダニエルが提案する案がくいちがい、次々に暗礁に乗り上げます。

それでも参加者全員の心がひとつになる瞬間が徐々に生まれてきて、アルバムのレコーディングが終わったとき「スタジオが一瞬、炎に包まれたように感じた」という記述がその場の緊張と喜びを物語っています。

モノクローム映画の夜の闇のように深みのある音楽からすると、重箱の隅をつつくような指摘かもしれませんが、印象的な曲のひとつ「マン・イン・ザ・ロング・ブラック・コート」に、コオロギの鳴き声が入っています。冒頭の歌詞に対応して入れたのだと思いますが、ボブのレコーディングでは後にも先にもこんな音は出てきません。ダニエルの刻印とでもいうべきこのコオロギ、ニューオーリンズの雰囲気を出すために入れたそうです。蛇足ながら、偶然現場にいた虫の鳴き声ではなく、ブライアン・イーノのデータベースにある音源を使ったのですが。

『ボブ・ディラン自伝』の記述からわかるのは、ただ気ままに演奏してうたっているだけのように見えて、ボブはスタジオでもコンサートでもそれぞれの歌がどうあるべきかを子細に思い描き、それを実現すべく試行錯誤しているという事実です。ポップに飾った編曲の歌が少ないので、それが目立たないだけなのです。

冷静に考えてみれば当たり前のことですが、彼にかぎらず、歌を作ること、譜面化すること、うたうことの間には、それぞれ大きな隔たりがあります。本人が意識しているしていないにかかわらず、感情のこもった歌が生まれるためには、技術も必要です。音程の微妙なずれや楽器の演奏との組み合わせ、フレーズの長さのゼロコンマ何秒のちがいが、歌の表情を生かしもすれば、凡庸にもします。しかも複数のミュージシャンで一緒に演奏する場合は、難しさが人数分かけ算されます。

65年から66年にかけての『追憶のハイウェイ61』や『ブロンド・オン・ブロンド』はそれが奇跡的に成功していたアルバムです。『追憶のハイウェイ61』については4章でも少しふれました。その最後に入っている「廃墟の街」は、当初ニューヨークのスタジオ・ミュージシャンによるバンドでレコーディングしたのですが、満足できる演奏に仕上がりませんでした。

それで急遽考えられたのが、テネシー州ナッシュヴィルからニューヨークに来ていたチャーリー・マッコイとのセッションでした。リズム・ギターを弾きながら淡々とうたうボブの歌声と、簡単な打ち合わせだけでチャーリーが弾いたスペイン風のリード・ギターの相性が抜群で、11分を超える曲の長さを感じさせない作品に仕上がっています。チャーリーの腕前に感銘を受けたこともあったのでしょう。ボブは次にニューヨークからアル・クーパーとザ・バンド（当時はホークスというバンド名でした）のロビー・ロバートソンを連れてナッシュヴィルに行き、『ブロンド・オン・ブロンド』を録音しました。

ナッシュヴィルのミュージシャンたち

テネシー州ナッシュヴィルはカントリー・ミュージックの中心地ですが、ロック系の音楽も作られてきました。たとえばエルヴィス・プレスリーが、ロックンロールを世界に広めた出世作「ハートブレイク・ホテル」はナッシュヴィルでの録音でした。

60年代に入ってすぐ、エルヴィスは活動の場をアイドル映画に変え、音楽もポップ寄りに舵を切ったので、ロック史では評価が低いのですが、その間ですらナッシュヴィルのミュージシャンを使って良質のロックンロールを数多くレコーディングしていました。チャーリーは何本かの映画のサウンドトラックにハーモニカで参加したこともあります。ボブ・ディランがエルヴィスの一連の作品を意識していたのかどうかわかりませんが、チャーリーはもちろんのこと、ナッシュヴィルのミュージシャンの優秀さについては、プロデューサーのボブ・ジョンストンを通じて知っていたはずです。彼らはディランがピアノで曲を仕上げるのをポーカーで時間をつぶしながら待ち、仕上がるとすぐにスタジオ・ライヴ方式で名作『ブロンド・オン・ブロンド』の濃密な世界を作り上げました。「雨の日の女」「アイ・ウォント・ユー」「女のごとく」など、タイプのちがう曲の歌と演奏が一触即発寸前でからみあい、万華鏡のように展開していくのを聞いていると、初顔合わせのミュージシャンが多かったとは思えません。それくらいよく鍛えられ、歌を生かす演奏ができるミュージシャンぞろいだったということでしょう。

エルヴィスが50年代にメンフィスからナッシュヴィルにロックンロールを持ちこんだように、ボブも60年代的なやり方でニューヨークからナッシュヴィルにロックを持ちこんだのです。その後バイク事故でいったんコンサート活動を停止してからも、彼は前述のように『ジョン・ウェズリー・ハーディング』や『ナッシュヴィル・スカイライン』をナッシュヴィルでレコーディングして、カントリー・ロックの潮流を作ります。

発売時期がずれ込んだ『血の轍』

どんなに才能のあるミュージシャンでも、曲と歌と演奏がうまく結びつくのは、運命的なめぐり合わせのこともあれば、偶然のこともあり、名作誕生には不思議な力が働いているとしか思えません。

具体例として70年代ロックの代表作のひとつ『血の轍』の冒頭に収録された「ブルーにこんがらがって」を見ておきましょう。３人の男女の長年にわたる出会いや別れ、孤独、放浪などが、時系列を離れて、何幕もの劇のように語られる歌です。

『血の轍』は74年末に発表される予定でしたが、発売直前に急遽アルバムの一部がレコーディングし直されたため、75年1月に発売がずれこみました。当時はそういうこと自体が珍しかったのでたいへん話題になり、もともと型破りな行動の多かった彼らしい話だと思ったことを記憶しています。

ロシアの小説家・劇作家チェーホフの影響を受けたアルバムだと彼は語っています。詳細を分析する知識はぼくにはありませんが、「会話や台詞ではなく、行間や沈黙を通じて考えを表現した」（スタニスラフスキーの言葉）チェーホフの方法論に刺激を受けたということのようです（『Images and Distorted Facts』by PopMatters Staff / 9 May, 2010）。画家のノーマン・レーベンから対象の観察方法を教わったことで、それまで無意識に書いていたことが意識的に書けるようになったとも語っています。彼は否定していますが、最初の妻サラとの離婚劇が続く中で制作されたことも作品に反映されたでしょう。

ボブは74年9月にニューヨークでアルバムの録音に取りかかります。プロデューサーとして、彼を世に送り出したジョン・ハモンドが久々に復帰。レコーディングはデビュー・アルバムのように弾き語りではじまりました。バンドを加えた曲も試しましたが、思うようにはかどらなかったので、途中からボブとベース奏者だけの録音が続き、アルバムは10月にいったん完成します。しかし試聴盤を聞いたボブは最後の最後になって気が変わり、そのうちの5曲を12月にミネアポリスでレコーディングし直して、差し替えたのです。

「ブルーにこんがらがって」の変遷

最初に9月17日にニューヨークでレコーディングしたときの「ブルーにこんがらがって」は、ボブのギター弾き語りに、トニー・ブラウンがベースで加わっているだけでした。トニーは、当初レコーディングに呼ばれたものの、少しだけセッションして終わったエリック・ワイズバーグ&デリヴァランスのベース奏者でした。

別のテイクでは、そこにポール・グリフィンがオルガンで加わりました。ポールは『追憶のハイウェイ61』など60年代の重要な作品に参加していた人です。トニーだけのテイクとオルガンの加わったテイクでは、速度もうたい方も異なっていました。

この曲は19日にもトニーと一緒にレコーディングし直され、呼吸のぴったり合った「テイク3、リメイク2」というヴァージョンが当初のアルバムの採用候補曲でした。しかし最終的にアルバムに収録された曲は、ミネアポリスで録音し直された軽快なフォーク・ロック調でした。

歌詞も変わりました。歌の語り手と主人公の人称が混在していたニューヨーク版とちがって、ミネアポリス版では基本的に一人称に統一されたのが大きな変化でした。また、ニューヨーク版ではロサンゼルスに行って航空会社で働いていた主人公は、ミネアポリス版ではニューオーリンズに行って漁船で働いていました。

ニューヨーク版は低い声でしたが、ミネアポリス版では歌のキーが上がって緊張感が高まり、ロック色が強まっています。キーを上げる提案がミュージシャン側からあり、ボブがそれを採用したというエピソードは、スタジオでのバンドとボブの良好な関係を推測させます。

以上の録音を順番に聞いていくと、彼がより良い組み合わせを求めて毎回うたい方を変え、演奏と歌の組み合わせを工夫していたことが手にとるようにわかります。なるほど、音楽制作の作業は、こんなふうに行なわれていくのかという感じです。ところが話はそこでは終わりません。

その後もこの曲はコンサートでよく演奏されてきましたが、サウンドやメロディや歌詞がしょっちゅう変更されているのです。『リアル・ライヴ』に収録された84年の弾き語りヴァージョンにいたっては、驚いたことに約7分ある長い歌の半分くらいの歌詞が変わっていました。彼にとって歌はレコーディングによって完結する作品ではないということなのでしょう。

芸能のあり方の枠を広げる

88年にネヴァー・エンディング・ツアーをはじめたとき、彼が考えたのは、適正な規模のバンドとコンサート会場を選べば、演奏にある程度自由なスペースを残せるだろうということでした。

すべてにおいて希望通りのツアーが実現したわけではありませんが、身軽な編成のレギュラー・バンドと組むことで、歌と演奏が有機的に結びつきやすくなったことは確かでしょう。その場合、顔ぶれが固定して気を緩めると、慣れあいに陥りかねません。それを避けるためにも彼はツアーごとに曲目を変え、作品のうたい方や編曲に変化を加えてきました。ビジネス優先なら、作品の一貫性が崩れる危険を冒してまで、そんな手のかかることはしないでしょう。

おまけに、もともと迷宮のように入り組んだボブの歌には、聞き手がさまざまに解釈できる余地があります。ですからあのだみ声の歌を何度聞いても飽きることがありません。そこまで徹底しているアーティストは即興重視のジャズの世界にもあまりいないのではないでしょうか。

自分の身の上やこの社会に起こりえた、あるいは起こりうる出来事の比喩として、人はポピュラー音楽を聞いて共感したり、驚いたりしています。年配のミュージシャンのコンサートにファンが足を運ぶのは、音楽を楽しむのはもちろんですが、彼の歩みや作品に、自分の人生や思い出を投影できる部分があるからです。それはロックにかぎらず芸能というものが伝統的に担ってきた重要な役割のひとつです。

ボブは既成の芸能のあり方に反逆するような形でデビューしてきた人ですが、巨視的に見れば、結果として彼の態度は芸能のあり方の枠を広げるものでした。彼にとってコンサートはその試みを地に足の着いたものにする過程なのです。それが伝統と認められるまでには長い歳月がかかります。だからいわゆるネヴァー・エンディング・ツアーなのです。毎晩同じ曲を演奏して飽きないかという問いに対して89年の時点で彼はこう答えたそうです。「曲は同じでも、頭と手、心と口の結びつき方次第で、前の日には思いもしなかったような新しい発見があるんだ」（『Behind the Shades』Ｐ６８２）

たぶん理屈以前に彼は音楽を演奏することが好きなのでしょう。ネヴァー・エンディング・ツアーをはじめるより遥か前、コンサート活動を休止していた68年にすでにこんな発言をしていました。

「私はステージで音楽をやるのが好きなのです。私は永久に音楽をやるつもりでいます」（『ロックの時代』Ｐ１６５）

第8章　ボブ・ディランは剽窃者なのか？

「文学者」という新しいレッテル

2016年にノーベル賞を受賞したときのボブ・ディランのスピーチの中に、彼がよく比較されるシェイクスピアを引き合いに出した部分がありました。ざっと要約しますと……。

座付作家だったシェイクスピアは、『ハムレット』の台本を書くとき、台詞に知恵を絞ったのはもちろんでしょうが、他のこともいろいろ考えたにちがいありません。たとえば「この役にはどの役者がふさわしいだろう」「舞台はデンマークでいいんだろうか」「パトロンのためにいい客席を確保できるだろうか」などなど。しかしいちばん考えそうになかったのは「これは文学だろうか」ということだと思います。

わたしも曲を作りながら、「この曲に最適なミュージシャンは誰だろう」「ふさわしいスタジオでレコーディングしているだろうか」「どのキーでうたえばいいだろう」などと考えることはあっても、「自分の歌が文学なのか」と問うたことは一度もありません。

……というような話です。これはノーベル文学賞に決まったとき、彼の歌が文学なのかどうかをめぐって巻き起こった議論のむなしさに対する彼なりの回答でしょう。歌と文学のどちらが優れているとか高尚であるとか比較しても意味がありませんから。

「プロテスト・シンガー」「フォークのプリンス」「若者の代弁者」「フォーク・ロックの先駆者」など、世間から貼られたレッテルから逃れることに苦労してきた彼にとって、「文学者」という新しいイメージも迷惑このうえないものだったはずです。

人は正体のわからないものに出会うと、それに名付けることによって安心したり、支配しようとしたりする動物です。そうすることで人は自然状態から文明を作り上げてきたわけですが、名付けてバイアスをかけることは、現実をありのままにとらえる感覚や思考をいったん棚上げすることでもあります。「重要なのは、ぼくが書くことを理解するのではなく、感じることだ」とボブは言っています（『ボブ・ディラン 詩の研究』P6）。

先行者に対する敬意

デビュー当時から彼につきまとってきたレッテルには「ボブ・ディランは剽窃者だ」というものもあります。たしかに彼は伝統的なフォーク・ソングや古いブルースのメロディや言い回しを借りた歌をたくさん作ってきました。聖書をはじめとする書物や文学からの引用も数多く指摘されています。

彼がアメリカの古い音楽に精通していることは、周知のとおりです。本人の歌や著作やインタヴュー、友人たちの証言、ノーベル賞受賞後の講演などからは、彼が熱心な読書家であることもよくわかります。

21世紀に入ってからの彼の作品に、ヴェルギリウスやオウィディウスやホラティウスやホメロスなど、古代ギリシャ、ローマの詩人の作品からの引用があることについては、いくつも論文や研究書が発表されています。興味のある方は、たとえば翻訳で読めるリチャード・F・トーマスの『ハーバード大学のボブ・ディラン講義』をごらんになるといいでしょう。

引用と、剽窃や盗用、パロディやパスティーシュとのちがいはどこにあるのでしょう。結論から言うと、引用と剽窃のちがいは、基本的には出典を明かして先行者に敬意をこめて引用するかどうかに尽きます。パロディやパスティーシュは引用の一種とみなすこともできますが、引用より批評性や遊びの要素が強い表現方法です。

ボブは引用を原典とは別の文脈の中に組み入れて素晴らしい歌を作ってきました。そんな彼の作品における引用の仕方をリチャード・F・トーマスはポスト構造主義の用語「間テキスト性」(インターテクスチュアリティー)という言葉を使って説明しています。

とはいえ「間テキスト性」という言葉も古くからある概念の言い換え、新しいレッテル貼りのように思えなくもありません。なぜなら物を書く人が、過去のさまざまな文献の一部を原文とは異なる文脈で参照したり引用したりすることは、洋の東西を問わず、昔から行なわれてきたからです。

芭蕉の「夏草や兵《つはもの》どもが夢の跡」が杜甫の詩「国破れて山河在り　城春にして草木深し」を下敷きにしていることは知っている人が多いと思います。この場合、杜甫の詩を知っているのと知らないのとでは、芭蕉の作品の味わいの深さが変わってきます。杜甫の詩を連想させることで、芭蕉の俳句は彼が見ていたであろう光景よりはるかに壮大な風景や物語を想像させます。これは意味的には直接的な参照ですが、ボブはそういう引用をもっと複雑な、ラグビー・ボールが跳ねるような形で行なってきました。

剽窃論争への回答

たとえば06年の『モダン・タイムズ』収録の「ワーキングマンズ・ブルース#2」です。タイトルにブルースとついていますが、音楽的にはゴスペル風のカントリー・ロックのこの曲は21世紀に入ってからのボブの曲の中でも評価の高い作品のひとつです。

この歌についての記事をネットで探すと、カントリー歌手マール・ハガード、19世紀のアメリカの詩人ヘンリー・ティムロッド、古代ローマの詩人オウィディウスなどからの引用についての書き込みがまず出てきます。

マール・ハガードの引用はタイトルと、歌の登場人物に「ワーキングマンズ・ブルース」をうたおうと言わせているところでしょう。その曲がマールの曲である必要はないのですが（マールの曲のタイトルは「ワーキン・マン・ブルース」です）、マールを尊敬するボブは05年に一緒にコンサート・ツアーをしたこともあり、いちおうマールに敬意を払って「＃2」をつけたようです。マールはそれに対して、じゃあ、おれは「風に吹かれて＃2」を作ろうかなと言ったとか（笑）。いずれにせよ、60年代にヴェトナム戦争に賛成していたマールと反対していたボブが21世紀には冗談を言い合える仲というところに時の流れを感じます。

マールの歌ではまじめな労働者の暮らしが淡々とうたわれていました。しかしボブの歌は労働者の視点から世界の不条理と戦うことについての複雑な叙事詩です。「他の国と競争するためには低賃金が現実的」のような、資本家の言いそうなわかりやすい箇所もあれば、「プロレタリアートの購買力が落ちた」という経済ニュースのような言葉も出てきます。この曲が収録されたアルバムのタイトルから、チャーリー・チャップリンが労働者の境遇の悲哀を笑いをこめて描いた映画『モダン・タイムス』を思い出す人もいるでしょう。とはいえこの曲が単純に労働者を賛美する歌というわけでもありません。

4番の終わりのほうに引用された19世紀アメリカ南部の詩人ヘンリー・ティムロッド

の言葉をめぐっては、06年にニューヨーク・タイムズで剽窃論争が起こりました。引用されたのはヘンリーの「トゥ・ポートレイツ」という長い抒情詩のパートIの末尾に出てくる、恋人の息遣いを感じるうんぬんという2行の甘い言葉です。

ボブは「戦闘状態」の暗闇の中で、廊下に足を出して台所で死んだように眠る登場人物の連想もしくは夢の中の幻想として、このなまめかしい言葉を利用しています。原詩とはまったく異なる状況に埋めこんで、原詩の官能性がいっそうきわだつような引用です。単に剽窃する人ならこんな手のこんだ表現はできないでしょう。

ボブは議論がばかばかしいと思ったのか、ツアーの途中で歌詞を変えはじめ、16年に出た全詩集『THE LYRICS』では4番の歌詞は1行だけ残して他はちがうものに変えてしまいました。この場所は敵で埋め尽くされ……とはじまるのが当初のヴァージョン、起きて街に出たら親父の姿が見えた……とはじまるのが変更後で、まったく別の情景です。ぼくは変える前のヴァージョンのほうが好きですが、彼は6、7、8番でも大幅に歌詞を変えています。リチャード・F・トーマスの前掲書には、7番を作り替えたとき、新たにヴェルギリウスの作品の詩句を引用したという指摘もあります。

労働者の歌に古代ローマの詩

「ワーキングマンズ・ブルース#2」への詩人オウィディウスの作品の引用についてはどうでしょう。これもリチャード・F・トーマスの本からの孫引きですが（正確には曾孫引きですが）、引用元はオウィディウスがローマ皇帝によって罪状不明のまま黒海へ追放されたときに書いた『悲しみの歌』です（この追放は史実ではなく、作者の空想だという説もあります）。どんなふうに引用されているのか、参考までに、ディランの歌詞とネット上の古代詩の英訳を1か所だけ対照しておきましょう。

「ワーキングマンズ・ブルース#2」の2番には「わたしの残酷な武器たちは棚の上に置かれている。おいでわたしの膝の上に、わたしより大切なおまえ……」という箇所があります。引用でなくても書けそうな歌詞で、ここに古代ローマの詩人の作品が埋めこまれているとは、言われなければわかりません。これがオウィディウスの『悲しみの歌』の以下の部分に対応すると指摘されています。

「助けてくださいと私は祈った。あなたの稲妻を、残酷な武器を、わたしを悲惨な目に

遭わせる武器を隠してください」（『悲しみの歌』２-１７９〜１８０、これは追放される主人公が皇帝に嘆願する部分です）

「私にとって私より大切な妻よ」（『悲しみの歌』５-14-２、これは妻に忠誠を捧げた詩の部分です）

いかがでしょう。たしかに言葉の類似点は明らかです。長大な古代詩の中の遠く離れた２か所のフレーズを拾い集めて現代の出来事の描写に使ったボブもボブですが、その引用を見つけた研究者も研究者です。

他にも手のこんだ引用が多くあるようですが、ボブがこの歌に『悲しみの歌』からの引用をちりばめたのは、どうしてなのでしょう。皇帝が詩人を恣意的に追放する古代ローマの物語に、富裕層が労働者層を差別する現代社会を重ねようとしたのでしょうか。

わからないことだらけですが、原文とは異なる文脈で引用の言葉が生かされていることはまちがいありません。

この歌には「彼らはわたしの納屋を焼いて、馬を盗んだ」という神話めいたフレーズも出てきます。この比喩的な表現は、西部開拓時代にしばしば起こった犯罪や、馬を使ってきたさまざまな社会の伝承を念頭に置いて書かれたのでしょう。「納屋を焼く」からは20世紀のアメリカ南部の小説家フォークナーの同名の小説を連想する人もいるでしょう。その小説には明確に階級差別の問題が含まれていたので、それを意識したのかもしれません。謎が謎を呼び、想像が想像を膨らませる歌の好例だと思います。

「北国の少女」と「スカボロー・フェア」

剽窃が問題にされるのは、主にふたつの側面からです。ひとつは、先人の功績を横取りするという倫理的な問題。もう一つは、著作権がからんでそこに金銭的な窃盗が生じるという問題です。後者は、国や地域にもよりますが、この数世紀の間に新たに登場してきた問題です。

著作権の概念や制度がなかったころは、誰かが誰かの作品を剽窃したとしても、倫理的な問題はさておき、近くにいなければわかりませんでした。むしろ同じメロディに対して異なる歌詞をつけてうたうことで、作者間の交流が生まれたり、新しい表現が派生したりすることもありました。

インターネットの時代に誰もが人のチェックを介さないで何かを表現しやすくなったことで、著作権上の不都合がいろいろ起こってきたとき、それを規制するルール作りがはじまりました。しかし規制をかけすぎると表現が萎縮したり、情報の流通や共有が阻害されるので、著作権に一定の歯止めをかけるクリエイティヴ・コモンズという考え方が生まれ、21世紀に入ってその制度化がはじまりました。その発想は伝統的な民謡におけるメロディや定型歌詞の流用や共有が持っていた役割に近いところがあります。

民謡はそのようにして伝承されてきました。初期のボブ・ディランが伝統的な民謡のメロディや決まった言い回しをよく使い、そこから分岐して新しい曲を作り上げていったのは、その伝統に則るものでした。もちろんそこにも礼儀がありますし、敬意を払うことも重要です。

ボブの「北国の少女」は、イギリス民謡「スカボロー・フェア」を下敷きにして作られています。遠くのフェアに行く人に、自分の昔の恋人に会ったらよろしく伝えてほしいと主人公が頼む有名な民謡なので、ボブは知っていたと思われますが、イギリスに行ったとき民謡歌手マーティン・カーシーからあらためて詳しく教わりました。そして、民謡から、伝言を頼むという歌の枠組と一部のメロディだけを受け継いで、他の細部をすっかり変えて「北国の少女」を作りました。

やはりマーティンと交流を持ったポール・サイモンも、サイモン&ガーファンクルのレコードで「スカボロー・フェア／詠唱」として発表し、アメリカン・ニュー・シネマの先頭を切った映画『卒業』に使われてヒットしました。「詠唱」の部分は主にガーファンクルが作りましたが、前半は、パセリ、セージ、ローズマリー・アンド・タイムとハーブの名前がうたわれるところをはじめ、ほぼ民謡そのままです。しかし彼らはサイモン&ガーファンクル作として著作権登録したのです。

もともと19世紀以前からうたわれていた民謡をイワン・マッコールがレコーディングして60年代に広めた曲ですから、誰がうたっても著作権料を請求されることはないのですが、サイモン&ガーファンクル作として登録するのは筋がちがうだろうということでマーティンが抗議し、長年問題になっていました。

この例とは対照的に、ボブが佐賀純一の『浅草博徒一代』を引用して「フローター」や「ポー・ボーイ」を作ったときは、ボブが作品に新しい命を吹き込んでくれたと、作者本人が感謝し、剽窃と創造の違いをわきまえたやりとりが交わされていました。

「先立つものがあったんだ」

ボブ・ディランは15年に「ミュージケアズ・パーソン・オブ・ザ・イヤー」に選ばれたときのスピーチで、自分の曲と、参照した曲を続けて紹介しながら、こんなふうに語っていました。

「これらの曲はどこからともなく生まれてきた訳じゃない。でっち上げた訳でもないんだ。（中略）先立つものがあったんだ。伝統的なフォーク、ミュージック、伝統的なロックンロール、伝統的なビッグ・バンドのスウィング・オーケストラ・ミュージックからきている」（ソニー・ミュージックのボブ・ディランのサイト）

そこでの彼は、19世紀の伝説的な黒人労働者をうたった伝承歌「ジョン・ヘンリー」の歌詞を紹介した後、自分はこの曲をよくうたっていたから、「風に吹かれて」の最初の1行を思いついたと語っています。くりかえし書いてきているように、ボブは影響を受けたら、それを咀嚼して新しい視点を加えて作り替えることに長けている人です。

黒人の労働者がハンマーで最新テクノロジーの蒸気ドリルと競争して打ち負かす「ジョン・ヘンリー」の伝説には人種差別に対する無言の抗議が込められています。「風に吹かれて」に「ジョン・ヘンリー」と同じフレーズが出てくるわけではありませんが、「人間にほかならない」という言い回しは出てきます。それらから想起したことも加えてボブは「風に吹かれて」の「どれだけの道を歩けば、彼は人間と呼ばれるようになるのだろう」という歌詞を作ったのです。

ビッグ・ビル・ブルーンジーの「キー・トゥ・ザ・ハイウェイ」と「追憶のハイウェイ61」、ジョーン・バエズの「セイル・アウェイ・レディース」と「スペイン革のブーツ」、労働歌の「ロール・ザ・コットン・ダウン」と「マギーズ・ファーム」、ロバート・ジョンソンの「カモン・イン・マイ・キッチン」と「はげしい雨が降る」……などボブは何曲もの例をあげて、自分が影響された音楽を紹介しています。言われなければ、関連のわからない例もあげていますが、影響を受けて別のものを創造するというのはそういうことなのでしょう。

「何の秘密もない。無意識のうちにやってしまうんだ。それで十分だし、私はそういうのしか歌わなかったからね。私にとって大切なのはそういう曲だけだったんだ。そういう曲だけが私にとって意味が通っていた」（前出のサイト）

個人的な体験や感想の吐露

「無意識のうちにやってしまう」という言葉は、歌詞のどこまでを指しているのでしょう。公開されている手書きの歌詞のメモや発言によれば、調子のいいとき、言葉は立て板に水のように出てくるようです。しかし曲によっては追加訂正した推敲の跡が見られます。記憶したものが彼の作品の文脈に沿って変形して出てくることもあれば、意識的にパッチワークすることもあるでしょう。いずれにせよそれが本歌取りのようなイメージの連鎖を呼び起こし、彼の作品にこだましているわけです。

60年代の中期にボブ・ディランが社会的なテーマの歌から離れていったとき、彼は歌の主語を「われわれ」から「わたし」に変えたとよく言われました。社会的な運動の中で広まった「勝利をわれらに（ウィ・シャル・オーヴァーカム）」のように主語が「ウィ」の歌や、民謡の叙事的な物語歌など、彼が登場するまでのフォーク・ソングで、歌手の個人的な体験や感想が吐露されることは稀でした。

しかし彼の歌はデビュー・アルバムの自作の2曲「ウディに捧げる歌」「ニューヨークを語る」からして人称は「アイ」でした。単数とも複数ともとれる「ユー」に語りかける曲、「風に吹かれて」のように不特定多数の人に呼びかける曲、「神が味方」などの例外もありますが、概して彼の歌は「ウィ」という言葉と距離を置いていました。これはもちろん意識的なことで、66年の『ブロンド・オン・ブロンド』には「我が道を行く」というタイトルの曲までありました。

彼の開いた扉を通って70年代に数多くのシンガー・ソングライターが登場してブームを呼びます。そしてその過程で、自作自演の曲は個人的体験や感情を表現する音楽のスタイルという見方が定着しました。たとえばジョニ・ミッチェルは名作「ブルー」の中で「歌は（個人的体験の）いれずみのようなもの」とうたっていました。ジェイムス・テイラーやジャクソン・ブラウンには、実在の人物に関係する曲もありました。ボブも恋人だったスーズ・ロトロや結婚していたサラにあてた曲を作っています。

すべてに終わりがある

「素顔の歌手」を演じる歌手にファンが現実味を見出そうとする傾向は、フランク・シナトラあたりからはじまったそうです。彼の時代にはまだ歌手と専業のソングライターが分離していました。70年代以降は自作自演が増えてきました。しかし時代が変わっても、ソングライターが体験や学習や想像力をもとに作品を作ることに変わりはなく、主題や演出が変わっても、歌手が作品の主人公を演じたり叙述したりすることにちがいはありません。ランボーの言葉を借りれば「わたしは他の誰か」なのです。

ボブは、社会の不条理にふれるときも、恋人や友人たちとのやりとりを語るときも、個人的な感想より出来事を描くことを重視してきました。突き放して空に投げるような彼の歌声を聞いていると、「メイク・ユー・フィール・マイ・ラヴ」のような甘美なラヴ・ソングでさえ叙事詩の一部分に思えます。

63年に発表された黙示録的な「はげしい雨が降る」、都市伝説を物語る65年の「廃墟の街」、混乱からの逃避を願う75年の「嵐からの隠れ場所」などでの幻想と現実が入り混じる叙述方法は、無常感ただよう05年の「エイント・トーキン」やケネディ大統領の暗殺事件から想を広げた20年の「最も卑劣な殺人」にまでつながっています。

映画『ビリー・ザ・キッド』の中で老保安官の死の場面で流れる「天国への扉」や、ビートルズのジョン・レノンに捧げた「ロール・オン・ジョン」など、悲劇の歌にも余分な感傷はありません。ツアー・バンドの演奏も年々無駄を削ぎ落した、感情をあおらない表現になってきています。

ボブ・ディランの歌は言ってみればこの世界の凝縮された鏡像です。歌の中では、実在の人物や架空の人物が次々に舞台に登場し、役割を演じては消えていきます。甘く悩ましい恋の顚末もあれば、混乱した旅の記述もあります。鳴り続ける警鐘もあれば、不条理や不正が「もしも」や「たられば」に覆される夢もあります。風に舞い散る事実や噂が、彼の幻想濾過装置を通って再構成され、トコロテンのように物語として押し出されてきます。

この世界では、暴君も虐げられた者も、富める者も貧しい者も、天才も凡人も、時の流れから逃れることはできません。80歳を超えてなお熱心にコンサート・ツアーを続けているボブも、いつかはこの世界から旅立つ運命にあります。「キーウェスト」の老境の主人公は、ロックンロールに出会ってからの波乱に満ちた道のりを思い返し、未来を達観し眺めているように見えます。01年の記者会見ですでに彼はこう言っていたと伝えられています。「(ツアーは) 終わりに向かって進んでいる。われわれすべてに言えるのは、終わりがあるということだ。誰も死を免れることはできない」(『Behind the Shades』P846)

「上を向いて歩こう」のハミング

ボブ・ディランがトム・ペティのバンドと86年に来日したとき、短時間ですが、取材に同席する機会がありました。インタヴュアーは篠崎弘さんだったので、ぼくはその場をほぐすための露払いとして、彼がコンサートでリッキー・ネルソンの「ロンサム・タウン」をうたった理由をたずねました。尊敬しているからという返事しか戻ってこなかったのですが、その3か月前の85年12月に飛行機事故で亡くなったリッキーを追悼して演奏したことはまちがいないでしょう。

後に『ボブ・ディラン自伝』を読んでなるほどと思いました。60年代初頭のニューヨークの思い出の中で、彼はリッキーのために異例の2ページも割いて、当時ティーン・アイドルとして人気者だった彼と無名の自分は対極の世界にいたのに、彼の歌声が感じさせる孤独に自分と共通するものを感じたと書いていたからです。

コンサートでのもうひとつの驚きは、「上を向いて歩こう」を演奏したことでした。取り上げた理由を質問しても、好きだから、という言葉でかわされましたが、しばらく評論家のたわごとにまつわる話をした後、彼は「たとえばこの曲のように」と、「上を向いて歩こう」の冒頭部をハミングしてから、一呼吸おいてこう続けました。

「評論家は一度聞いてすぐに判断しようとするが、歌が残るかどうかは20年、30年経ってみないとわからない」

そのときは彼にしてはひねりのない言葉だと思って、聞き流してしまいましたが、月日の流れは早いもので、それから30余年。いま思い返すと、おっしゃるとおり、という他ありません。

おわりに

この本はボブ・ディランの音楽についての入門書です。彼は映画や絵画も発表していますが、この本では音楽だけを取り上げています。

序章では彼の経歴をかいつまんでたどりました。60年以上にわたって作品を発表し、コンサートを続けてきた彼の人生は紆余曲折の連続です。この章では彼がどんな音楽家なのかを、同時代のポピュラー音楽の流れと照らし合わせながら概観しています。

それ以降の章では「風に吹かれて」「戦争の親玉」「はげしい雨が降る」「ミスター・タンブリン・マン」「ライク・ア・ローリング・ストーン」などよく知られている曲や、それほど語られることがありませんが重要さに変わりはない「自由の鐘」「ポリティカル・ワールド」「ワーキングマンズ・ブルース#2」などにまつわる話を書いています。

ウディ・ガスリー、ロバート・ジョンソン、フランク・シナトラらとボブの関わりについて書いた章も設けました。引用や借用を含めて、彼の音楽がどこから生まれてくるのか、彼がそれをどのように録音物に定着させ、コンサート活動で表現してきたのかについても随所でふれています。

おおむね時代順に並べましたが、どの章も独立しているので、どこから読んでいただいてもかまいません。

録音作品数は膨大で、通称「ネヴァー・エンディング・ツアー」の公演回数も、彼と同世代の老境にあるミュージシャンの中では群を抜いています。彼にとって音楽は完成した作品というより創作の過程であり、日々の活動の中で絶えず生まれ変わるべきものなのです。この小さな本ですべてを網羅することはできませんが、20世紀後半以降のポピュラー音楽の行方に大きな影響を与えてきた彼の存在の大きさや作品の魅力を少しでも感じていただければ幸いです。

ヒット曲には遠い思い出になってしまう音楽も多いのですが、ボブ・ディランのいくつもの歌は新旧を問わず、いつも現在によみがえってきて、ぼくの暮らしにスパイスを加えてくれます。社会を透徹した目で眺め、豊かに表現し続けてきた稀有な吟遊詩人とたまたま同じ時代に生まれ合わせた幸運に感謝し、この本の刊行にいたるまでにお世話になった方々と読者のみなさんにお礼を申し上げて、ひとまず筆を置きたいと思います。

2023年1月

北中正和

主要参考文献

『ボブ・ディラン』アンソニー・スカデュト著、小林宏明訳、二見書房、73年
『ボブ・ディラン自伝』ボブ・ディラン著、菅野ヘッケル訳、ソフトバンクパブリッシング、05年
『The Lyrics 1961-1973』『The Lyrics 1974-2012』ボブ・ディラン著、佐藤良明訳、岩波書店、20年
『ロックの時代』片岡義男編・訳、晶文社、71年
『ハーバード大学のボブ・ディラン講義』リチャード・トーマス著、森本美樹訳、ヤマハMEH、21年
『ノー・ディレクション・ホーム　ボブ・ディランの日々と音楽』ロバート・シェルトン著、樋口武志、田元明日菜、川野太郎訳、ポプラ社、18年
『ライク・ア・ローリング・ストーン』グリール・マーカス著、菅野ヘッケル訳、白夜書房、06年
『Bob Dylan All the Songs』Philippe Margotin, Jean-Michel Guesdon, Black Dog & Leventhal, 15年
『Behind the Shades』Clinton Heylin, Faber and Faber, 11年
『Revolution in the Air』Clinton Heylin, Constable, 09年
『Bob Dylan:A Retrospective』Edited by Craig McGregor, William Morrow & Company, 72年
『The Dylan Tapes』Anthony Scaduto, University of Minnesota Press, 22年
『Backstage Passes』Al Kooper with Ben Edmonds, Stein and Day, 77年

レコードやCDのオリジナルのライナーノーツ、ネットの各種サイトからの引用などについては文中に明記した。

北中正和　1946年奈良県生まれ。京都大学理学部卒業。音楽評論家。『ビートルズ』『ロック史』『毎日ワールド・ミュージック』『にほんのうた』『「楽園」の音楽』など著書多数。

Ⓢ新潮新書

986

ボブ・ディラン

著者　北中正和《きたなかまさかず》

2023年2月20日　発行

発行者　佐藤隆信

発行所　株式会社 新潮社

〒162-8711　東京都新宿区矢来町71番地
編集部(03)3266-5430　読者係(03)3266-5111
https://www.shinchosha.co.jp

装幀　新潮社装幀室

印刷所　錦明印刷株式会社

製本所　錦明印刷株式会社

ISBN978-4-10-610986-7　C0273